Die Weine des Piemont

FALKEN Vinum

Vinoteca

Rolf Kriesi

Die Weine des Piemont

Bricco dell'Uccellone
POMOROSSO
IL FALÈ
VIARENGO

PIO CESARE

Der Geist des Piemont

Was bei uns im Piemont in den letzten zwei Jahrzehnten geschehen ist, grenzt an ein Weinwunder. Als ich vor fast 40 Jahren die Weinszene betrat, war es nur eine begrenzte Zahl heute schon fast historisch zu nennender Kellereien, die den Ruf unserer noblen Weine über die Region hinaus trugen.

Wir alle profitierten in der Folge vom Ansporn und von den Herausforderungen des Auslandes, der Medien, des Marktes und der Konsumenten. Wir haben den Ball mit Begeisterung aufgenommen und viele von uns, die bislang ihre Trauben an Kellereien verkauften, begannen, sich in eigenen Weinen zu verwirklichen.

Trotz dem Ehrgeiz dieser neuen, jungen Generation, sich gegen den traditionellen Weinhandel durchzusetzen, blieb es ein offener, fairer Wettkampf, ohne Niederträchtigkeiten, immer geprägt vom Geist des Zusammengehörens und der Zusammenarbeit.

Der Erfolg ist unverkennbar. Doch triumphiert wird nicht. Der Wille und der Enthusiasmus, es noch besser zu machen, sind größer denn je. Wir wissen zwar, dass der Markt noch härter umkämpft sein wird. Aber wir sind überzeugt, dass sich die Marktnische für Charakterweine mit persönlichem Ausdruck noch weiten wird. Und da liegen unsere Gewächse gut im Rennen.

Angelo Gaja
Weinproduzent in Barbaresco

Das Weinland am Fuß der Berge

Das Piemont, übersetzt »das Land am Fuß der Berge«, ist, wenn es ums Essen und Trinken geht, in aller Munde. Die legendären weißen Trüffel ziehen die Feinschmecker aus aller Welt an wie der Honig die Fliegen. Und die drei Weine mit dem großen B, Barolo, Barbaresco, Barbera, lassen die Weinkenner ins Schwärmen geraten.

Eigentlich ist das Piemont ein sehr altes Weinland: Bereits die Griechen sollen noch vor den Römern den Wein an den Fuß der Berge gebracht haben und Plinius der Ältere erwähnt im 1. Jahrhundert nach Christus in seiner Naturalis Historia eine Rebsorte namens »Allobrogica«, die im Nordpiemont von den Allobrogern kultiviert worden sei. Da diese Reben offenbar sehr kälteresistent waren, ihre Trauben spät reiften und die Beeren tiefdunkel waren, sehen manche Rebkundler eine Parallele zur heutigen Sorte Nebbiolo.
Es verging dann ein gutes Jahrtausend, bis man wieder etwas vom piemontesischen Wein hörte. Ein mittelalterliches Dokument aus dem Jahre 1268 bezeugt den Anbau einer Rebsorte »Nibiol«, was schon viel eher nach Nebbiolo klingt.
Gewissermaßen in den Adelsstand erhoben wurde die heute so berühmte Sorte im 17. Jahrhundert durch Giovan Battista Croce, den Hofjuwelier des Savoyer Königs Emmanuele I. Am Hof von Turin begeisterte ihn ein rosaroter Chiaretto und er kürte Nebbiolo zur Königin unter den roten Trauben.
1758 schließlich wurde in Alba ein Edikt zum Schutz der eigenen Weine erlassen. Es verbot die Einfuhr von fremden, minderwertigen Sorten und ihre Vermischung mit einheimischen Gewächsen.

Im 18. Jahrhundert entstanden die ersten Embleme von Weingütern.

Links: Bei klarem Wetter sieht man von den Weinbergen bei Barbaresco die Alpenkette

Bescheiden und bäuerlich

Das sind ein paar spärliche Belege dafür, dass im Piemont seit mehr als 2000 Jahren Weinbau betrieben wird. Eine ruhmvolle Vergangenheit hat er in dieser Region allerdings nicht – ganz anders als in den klassischen Weingebieten, etwa in der Toskana, wo große Adelsgeschlechter seit Jahrhunderten mit der Weinwirtschaft und dem internationalen Weinhandel verbunden waren. Oder im Burgund, dessen Weine am französischen Königshof seit Jahrhunderten brillierten. Nicht zu reden von Bordeaux, wo die Reben schon im 14. Jahrhundert in Reih und Glied standen, zu einer Zeit, als sie sich im Piemont noch an den Bäumen hochrankten.

Den Bauern war das recht, denn damit ging wenig von dem kostbaren, fruchtbaren Boden verloren, den sie so nötig für Getreide, für Gemüse und als Weideland brauchten. Die Reben wuchsen und wucherten einfach und Wein ergab sich von selbst, war eher ein Nahrungs- und sicher kein Genussmittel.

Weingeschichte des Piemont

Antike: Griechen bringen den Weinbau bis ins Piemont.
23–79 n.Chr.: Plinius der Ältere erwähnt Allobrogica.
11. Jh.: Piemont gerät unter die Herrschaft der Savoyer.
1268: Rebe namens Nibiol (Nebbiolo) wird erstmals erwähnt.
1758: Edikt untersagt Einfuhr und Beimischung minderer Sorten.
1861: Piemont wird bei der nationalen Einigung Italien zugeschlagen, Turin wird erste Hauptstadt Italiens.
ab 1970: Aufstieg des Barolo.
1978: Gaja baut ersten Barbaresco in der Barrique aus.
1980: Giacomo Bologna kreiert den ersten Super-Barbera »Bricco dell'Uccellone«.
ab 1990: Barolo, Barbaresco und zunehmend auch die Spitzenbarbera werden weltberühmt.

Piemont – ein Teil Italiens

Das Piemont wurde erst 1861 italienisch. Vorher hatte es seit dem Mittelalter während Jahrhunderten unter der Hoheit der Herzöge von Savoyen gestanden. Erst dank dem späteren Premierminister Cavour, der mithilfe von Napoleon III. die Einigung des Landes unter König Vittorio Emmanuele II. zustande brachte, wurde es Italien zugeschlagen – im Austausch gegen Savoyen und Nizza. Turin wurde zur ersten Hauptstadt erklärt und blieb es bis 1865. In diese Zeit fällt der Beginn einer Weinkultur, die diesen Namen verdient. Geburtshelfer war auch hier Camillo de Cavour, der dank seinen engen Beziehungen zu Frankreich einen Weinfachmann aus der Champagne in die Langhe holte, der die Angestellten auf den Castelli von Barolo und Neive in die Kunst der Weinbereitung einführte und die ersten modernen Baroli und Barbareschi erzeugte. 1878 – über 400 Jahre später als in Bordeaux – entstand auch das erste Weinchâteau im Piemont. Es wurde vom Grafen Emmanuele Guerrieri di Mirafiori gegründet, einem unehelichen Sohn von König Vittorio Emmanuele und dessen Geliebter Rosa Vercellana, für die der Monarch das Lustschlösschen Fontana-fredda in Serralunga errichtet hatte. Sein Sohn richtete dort eine moderne Weinkellerei ein und legte darum herum in großem Stil Nebbiolo- und Moscato-Rebberge an. Bereits 1881 nahm in Alba eine Weinbauschule ihre Lehrtätigkeit auf. Ihr erster Direktor, Domizio Cavazzo, hat sich damals große Verdienste um den Nebbiolo und die Weinbereitung in der Langhe erworben. Trotzdem entwickelte sich der Rebbau bis weit über die Mitte des 20. Jahrhunderts nicht recht weiter. Die Langhe und das Monferrato waren abgeschiedene, ärmliche Landgebiete und die Bauern verkauften ihre Trauben an die großen Handelshäuser.

Der große Aufschwung

Der entscheidende Wandel kündigte sich erst vor zwei, drei Jahrzehnten an. Der Barolo hatte mittlerweile seine klebrige Süße abgelegt, deren Ursache wohl nur in den mangelnden Kenntnissen über den Gärprozess lag. Ausgangspunkt des Aufschwungs war aber nicht Barolo, sondern ein kleiner Ort namens Barbaresco. Dort hatte Anfang der Siebzigerjahre ein junger Mann namens Angelo Gaja das väterliche Weingut übernommen. Mit einer nie erlahmenden Dynamik ging er mit seinem Barbaresco an die Eroberung der Welt. Er machte so ziemlich alles anders als die andern, war der Erste, der seinen Wein in französischen Eichen-

Dank französischer Hilfe entstand der Wein, der heute zur Weltspitze der Rotweine gehört: der Barolo.

Steckbrief der Weinwirtschaft

62 000 ha Rebfläche
3,5 Mio. hl Wein pro Jahr
69 000 Weinbauern
7500 Weinerzeuger
Wichtigste Traubensorten:
Barbera, Dolcetto,
Nebbiolo (alle rot), Moscato,
Cortese (weiß)

44 DOC- und DOCG-Gebiete
mit über 70 Weintypen
(kontrollierte Herkunftsbezeichnungen s. S. 29)

Wichtigste Rotweine:
Barolo, Barbaresco,
Barbera, Dolcetto

Wichtigste Weißweine:
Asti spumante,
Moscato d'Asti, Gavi, Arneis

Angelo Gaja war der Erste, der 1978 einen Barbaresco im kleinen Eichenholzfass, der so genannten Barrique, ausbaute.

fässchen, den Barriques, ausbaute, bevor er ihn in Flaschen füllte und den Namen GAJA selbstbewusst und unübersehbar auf jedes Etikett setzte. Zudem hatte er den Mut (oder die Keckheit), Preise zu verlangen, von denen seine Konkurrenten nur träumen konnten. Zwei Jahrzehnte später sind die vier Lettern GAJA weltweit zum Symbol für italienische Spitzenweine geworden.

Wer hinter dem Wein steht

Seine Generation, die mittlerweile in die Sechziger geht, hat noch eine ganze Reihe tüchtiger und erfolgreicher Protagonisten der piemontesischen Weine hervorgebracht. Oft waren es Weinhändler, die später selber Rebland erwarben.

Eine neue Garde von ehrgeizigen Weinmachern folgte auf dem Fuß. Besonders Elio Altare wurde mit seinem neuen, sanften Stil der Weinbereitung zum eigentlichen Hohepriester der »Barolisti«, wie die Barolo-Erzeuger fortan genannt wurden. Im Reich des Barbera war es der inzwischen verstorbene Giacomo Bologna aus dem Monferrato, der ab 1980 mit seinem »Bricco del

Uccellone« den einstigen Bauernwein in den Stand des Adels hisste und einen wahren Barbera-Boom auslöste.

Eine blühende Region – dank Wein

Diese Erfolge spornten an und die Früchte kommen einer ganzen Region und besonders ihren Jungen zugute. Denn im Gegensatz zur Toskana waren hier im Alpenvorland die Besitzverhältnisse anders strukturiert. Hier gab es nie den Großgrundbesitz, auf dem die Bauern nur Pächter waren und den Lehnsherren die Hälfte ihres Ertrags abtreten mussten.

Die Vergangenheit des Piemont ist durch die Savoyarden ja im französischen Sinn geprägt worden. Es war König Heinrich IV. von Frankreich, der jedem Bauern am Sonntag sein Huhn im Topf versprochen hatte. Das Land gehörte den Leuten, die sich darauf abrackerten, und sie blieben ihrer Scholle treu.

Paolo Scavino ist ein Star der neuen »Barolisti«, wie die Barolo-Erzeuger genannt werden.

So verlief denn der einsetzende Weinboom hier ganz anders als in Mittelitalien. Die Leute, vorab Kleinbauern, waren und sind mit dem Land verwurzelt, die jüngeren Weinerzeuger haben Vorbilder wie Gaja & Co. Sie können auf wenigen Hektar eine Existenz aufbauen und sich in ihrem Wein verwirklichen.

Während in der Toskana vor allem die neuen Mäzene des Geldadels auf ihren Spielwiesen der Zweitresidenzen den Wein kultivieren, sind es im Piemont die Töchter und Söhne der eigenen Erde, welche die Entwicklung des Weinbaus mit eigenen Händen vorantreiben und mit selbst erarbeitetem Kapital finanzieren. Die Zukunft ist viel versprechend, solange ihnen der Erfolg nicht den Kopf verdreht.

Der Weg zum Wein Ihrer Wünsche

Dieses Kapitel zeigt Schritt für Schritt, wie Sie sich den piemontesischen Weinen annähern können, wie Sie bei der Wahl vorgehen und welche Kriterien Sie beim Einkauf berücksichtigen sollten, damit sich Ihre Wünsche und Vorstellungen mit dem Wein Ihrer Wahl decken.

Wer etwas finden will, muss wissen, was er sucht. Das ist eine banale Weisheit – aber doch so treffend! Auf Wein bezogen heißt das: lernen, was die Qualität ausmacht, seinen eigenen Geschmack ergründen, seine Vorlieben bestimmen und seine Bedürfnisse erkennen. Wer die Sache beim Kauf piemontesischer Weine richtig angeht, wer sich den Überblick im Labyrinth des verworrenen Angebots verschafft, der wird kaum in die Irre gehen. Er wird für jeden Geschmack und jede Gelegenheit einen trefflichen Wein finden.

Was die Güte eines Weins bestimmt

Grundsätzlich sind es vier Faktoren, die den Typ und die Güte eines Weines bestimmen:

1. die Rebsorte und deren Trauben,
2. das Klima und der Boden, die in der Weinsprache mit dem Begriff »Terroir« bezeichnet werden,
3. das Können von Winzern und Weinmachern,
4. die Eigenheiten eines Jahrgangs.

Alles in allem aber ist es zum guten Ende das Zusammenwirken all dieser Elemente.
Die nebenstehenden Symbole werden Sie durch diesen Band und die ganze Buchreihe Vinoteca führen. Über die Qualität der Weine informiert die Anzahl Sterne von ★ bis ★★★★★.

Die Summe der vier Faktoren ergibt die Weinqualität

Rebsorte

Terroir

Winzer

Jahrgang

Weinqualität ★

Links: Traditionellerweise wird Rotwein im Piemont in großen Holzfässern ausgebaut.

Vier Fragen leiten die Weinwahl

Um »Ihren« Wein zu finden, sollten Sie Ihre Wünsche und Erwartungen nach folgenden Kriterien prüfen: Welches sind meine Vorlieben? Rot 🍷 oder weiß 🍷? Sanft oder herb? Leicht oder schwer? Subtil oder wuchtig?

Ist der Wein zum sofortigen Trinken oder zum Lagern bestimmt?

Zu welcher kulinarischen Gelegenheit soll er passen? Zum einfachen kalten Imbiss, zu alltäglichen Gerichten oder zum Festmahl?

Die Preisklasse ❶ – ❺: Was ist mir der Wein wert? Welche Antworten wir Ihnen geben, zeigen die drei Porträts typischer piemontesischer Weine rechts. Ab S. 33 leiten unsere Symbole Sie durch alle Weintypen den Piemont.

Die Vielfalt der Piemonteser Weine

Das Piemont ist ein Füllhorn von Weinen aller Art. Anders als beispielsweise in der Toskana, wo mit dem Chianti eine Sorte, Sangiovese, klar dominiert, reicht hier die Auswahl vom kostbarsten Tropfen bis zum einfachsten Tischwein. Das Piemont bietet viel – für jeden Geschmack und für jeden Geldbeutel.

Der König der Weine des Piemont ist unbestritten der Barolo (Bild links). Dieser Wein gelangt erst nach etlichen Jahren zur Trinkreife. Dann aber kann er ein majestätischer Tropfen sein, mit würzigem Bukett, kräftigem Körper und nachhaltigem Abgang. Unter 50 DM findet man allerdings kaum mehr einen guten Barolo.

Weine, die den Alltag zum Festtag machen

Die vier Flaschen auf diesen Seiten repräsentieren die ganze Bandbreite der piemontesischen Vielfalt. Der Barolo links ist Weltklasse ❺, die drei Flaschen unten sind zwar bescheidenere Gewächse, aber deswegen nicht weniger köstliche Weine.

❶ ab DM 8,– / € 4,–

Beispiel eines Trinkweins: Ein junger, süffiger Dolcetto ist der eigentliche rote Tischwein der Piemonteser. Er schmeckt köstlich zu einfachen Alltagsgerichten. Mehr dazu: S. 40f.

❷ ab DM 10,– / € 5,–

Ein Barbera ist ein Trink- oder Lagerwein: Es gibt ihn jung und spritzig, aber auch gewichtig, heißblütig und vollmundig. Je nach Typ passt er zum einfachen Imbiss wie zum saftigen Sonntagsbraten. Mehr dazu: S. 38f.

❷ ab DM 12,–/ € 6,–

Beispiel eines Süßweins: Ein kühler Moscato d'Asti ist ein prickelndes, aromatisches Trinkvergnügen. Moscato wird im Piemont zum Dessert serviert, zu Erdbeeren, Fruchtsalat und Torten aller Art. Mehr dazu: S. 46f.

Nebbiolo – die Edeltraube

Die Traube des Barolo, Barbaresco, Roero, Gattinara, Ghemme. Anspruchsvoll, spät reifend, kleinbeerig, dünne Häute. Die Weine sind relativ hell rubinrot und enthalten sehr viel Gerbstoff. Seit dem 14. Jahrhundert im Piemont heimisch.

Nebbiolo, Barbera und andere rote Rebsorten

Das Piemont verdankt seinen Ruf seinen Rotweinen, genauer: dem Barolo. Barolo ist indessen keine Traubensorte, sondern ein kleiner Ort in den Langhe nahe bei Alba. Der Wein wird reinsortig aus der Nebbiolo-Traube gekeltert, die als die wertvollste und edelste Sorte der Region gilt. Dennoch ist sie bei weitem nicht die verbreitetste, denn sie ist sehr anspruchsvoll und bringt nur in ganz auserwählten Zonen gute Resultate. Lediglich etwa ein Zwölftel der piemontesischen Rebfläche ist damit bestockt.

Allgegenwärtig ist hingegen die üppige Barbera-Traube. Sie hält rund die Hälfte der Rebberge besetzt. Ihre Beeren enthalten viel weniger Gerbstoffe als der Nebbiolo, dafür mehr Säure. Barbera-Weine sind von Natur aus fruchtig und rassig. Lange waren sie die gängigen, einfachen, rustikalen Bauernweine. In jüngster Zeit aber erlebt diese Urtraube Italiens im Piemont einen ungeahnten Aufschwung und ist plötzlich in aller Munde.

… und die andern?

Es gibt noch eine weitere rote Traube, die verbreiteter ist als der berühmte Nebbiolo, doch außerhalb des Piemonts ist sie nahezu unbekannt. Sie bedeckt immerhin über ein Zehntel der Rebfläche. Sie heißt

Dolcetto und der Wein daraus ist vergleichbar mit dem unbeschwerten Beaujolais aus Burgund. Ein Gläschen Dolcetto ist der einfache Wein zum Essen, die kleine tägliche Freude der Einheimischen.

Neben diesen drei Hauptsorten gibt es eine ganze Reihe weiterer Sorten, die zwar weniger verbreitet, doch nicht minder interessant sind, zum Beispiel Freisa, Grignolino und Brachetto. Diese Raritäten und Spezialitäten werden auf den Seiten 48f. erläutert.

Dank diesem Sortenreichtum und dem internationalen Erfolg der Weine aus einheimischen Trauben blieb das Piemont praktisch immun gegenüber den ausländischen roten Sorten. Man hat genug Eigenständiges und Charaktervolles. Cabernet, Merlot und Blauburgunder werden praktisch nur aus Neugierde kultiviert. Berühmt geworden ist einzig der Cabernet Sauvignon von Gaja. »Darmagi!«, Schande!, soll Gajas Vater ausgerufen haben, als er entdeckte, dass sein Sohn vor seiner Nase vier Hektar mit der französischen Edelsorte bepflanzt hatte. »Darmagi« wurde zum Namen des Weins.

Der Name trügt: Die Weine aus der Dolcetto-Traube sind nicht süß, aber leicht und fruchtig.

Weine aus der Barbera-Traube gefallen mit ihrer rassigen, saftigen Frucht.

Barbera – die Rustikale

Ertragreiche, am weitesten verbreitete Sorte. Beeren mit dicken, fast schwarzen Häuten. Meist reinsortig gekeltert. Ergibt tiefviolette, fruchtig-rassige Weine mit viel Säure. Erstmals im 17. Jahrhundert erwähnt.

Das weiße Piemont

Muskateller –
die Aromatische

Eine süße, weiße Traube, die weltweit verbreitet ist. Im Piemont wird sie Moscato genannt und dient als Basis für den Asti spumante und den Moscato d'Asti.

Etwa ein Drittel der Trauben, die im Piemont angebaut werden, sind weiß. Ihr Anteil hat in den letzten Jahren stark zugenommen, weil sich die goldenen Muskateller-Trauben sehr leicht und lukrativ an die Schaumwein-Industrie verkaufen ließen. Die Spumante-Fabriken erzeugen daraus den populären, oft süßlich anbiedernden Asti spumante. 9000 Hektar sind mit Moscato-Trauben bestockt und 7000 Winzer verdienen einen Gutteil ihres Einkommens damit. Momentan ist dieses allerdings höchst gefährdet, weil der süße Perlwein sich in eine tiefe Absatzkrise manövriert hat.

Cortese aus Gavi

Neben dem Massenanbau der Muskateller-Traube nehmen sich die übrigen weißen Rebkulturen wie Zwerge aus. Nur wenige einheimische Sorten verdienen es, speziell erwähnt zu werden.

Moscato-Weine schmecken herrlich nach Trauben. Aus rosinierten Trauben entstehen aromatische Süßweine.

Aus der Cortese-Traube wird ein spritziger, säuerlicher, sehr trockener Wein gekeltert. In Gavi, im Südosten des Piemonts, an der Autobahn Mailand – Genua, hat sie sogar eine eigene anerkannte Ursprungszone.

Piemonteser Rebsorten-Spiegel

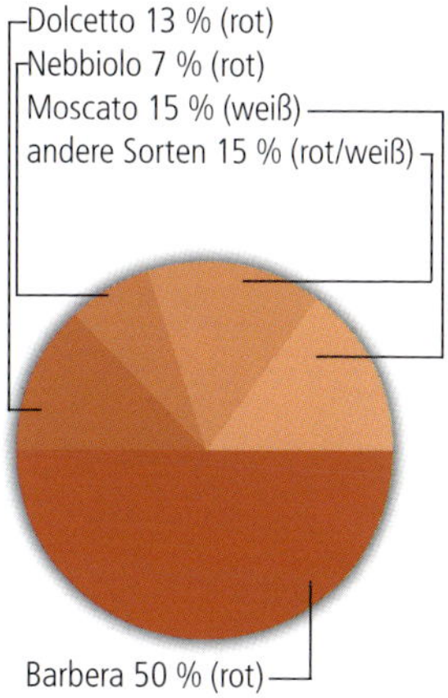

Im Kommen: Arneis und Roero

Im Zuge der Aufwertung vergessener Traubensorten kommen aus dem Roero zwei alte Sorten wieder ins Blickfeld. Der Arneis wird in den Archiven des Hauptortes Canale seit 1478 erwähnt. Im 20. Jahrhundert wurde die Sorte fast ausgemerzt, da die Weinbereitung die Winzer oft vor Probleme stellt, denn der Traubenmost gärt nur sehr träge. Auf den sandigen, kalk- und lehmhaltigen Böden reifen subtile, zarte Weine mit delikatem Honigton im Bukett – versierte Vinifikation vorausgesetzt.

Lebenszeichen gibt auch die andere Ursorte des Roero-Gebietes von sich: Die Traube heißt Favorita und erbringt einen fast farblosen, sehr leichten, säuerlichen Weißwein, der an heißen Sommertagen höchst angenehm sein kann.

Die Sorte Arneis ergibt Weine mit einem zarten Honigton.

Die weißen »Internationalen«

Daneben sind in den letzten Jahren im Piemont, wie überall auf der Welt, die Modesorten Chardonnay und neuerdings auch Sauvignon heimisch geworden. Die Region mit ihren kalkreichen Böden ist besonders für Erstere durchaus geeignet. Eine ganze Reihe von Piemonteser Chardonnays, die in kleinen Eichenfässern erzogen worden sind, hat weit über die Region ihre Anhänger gefunden.

Das Piemont als Terroir

Terroir ist ein französischer Ausdruck, der sich als Fachbegriff in der ganzen Weinwelt etabliert hat. Er umschreibt das Zusammenspiel von Mikroklima, Topographie und Bodenbeschaffenheit in einem Rebberg oder Anbaugebiet, also die natürlichen Gegebenheiten, mit denen die Reben zurechtkommen müssen. Jede Rebsorte hat ihr bevorzugtes Terroir. Die ideale Symbiose hat sich in den klassischen Rebgebieten oft über Jahrhunderte entwickelt. Sind Terroir und Traubensorte optimal aufeinander abgestimmt, so können gesunde, ausgereifte, aromatische Trauben geerntet werden – und die wiederum sind die Voraussetzung für guten Wein.

Bei Barolo müssen die Reben ihre Wurzeln tief in die sandigen Sedimentschichten schlagen.

Lebensbedingungen für die Rebe

Das Piemont, das Land am Fuße der Berge, ist weitläufig. Daher sind die Anbaubedingungen für Trauben sehr unterschiedlich. Die Böden der Hügelzonen sind marinen Ursprungs, denn das Piemont hat sich im Tertiär vor etwa 10 bis 15 Millionen Jahren aus dem Meer erhoben. Ihre zwei Haupteigenschaften sind eine hervorragende Grundlage für Qualitätsweine: Sie sind karg, also arm an Humus und auch trocken. Weil sie den Regen kaum aufnehmen können, fließt das Wasser schnell ab. Die Rebe hat es hier nicht leicht – doch ist es eine alte Weisheit, dass die Rebe leiden muss, um gute Trauben zu tragen und guten Wein zu geben.

Die klimatischen Bedingungen unterstützen diese guten Voraussetzungen. Es herrscht ein kontinentales Klima: kalte, trockene Winter, kühles, regenreiches Frühjahr, heiße, dürre Sommer und feuchter, nebliger Herbst. Bis der Regen kommt, meist Mitte Oktober, haben die meisten Trauben Zeit, um schön auszureifen. Sie können prall und gesund gelesen werden. Einzig die Lese des spätreifen Nebbiolo verschiebt sich oft in die feuchte, neblige Periode. Deshalb fallen beim Barolo die Jahrgänge sehr unterschiedlich aus, während bei der früher reifen Sorte Barbera und beim Dolcetto die Güte der Jahrgänge wesentlich konstanter ist.

Reben sollen leiden: Magere Böden sind eine Voraussetzung für große, volle Weine.

Natürlich variieren diese Grundzüge des piemontesischen Terroirs in den einzelnen Zonen, ja Reblagen stark. Die Topographie eines Weinbergs spielt eine wichtige Rolle. Bevorzugte Reblagen werden oft zur Benennung eines Weins auf dem Etikett aufgeführt. So ist »Sorì« der Dialektausdruck für eine ausgesprochene Südlage. »Conca«, zu Deutsch Muschel, bezeichnet eine geschützte muschelförmige Senke, in der die Reben wie in einem Amphitheater angelegt sind. »Bric« oder »Bricco« ist die gut besonnte Kuppe eines Hügels. Da es sich dabei meist um Spitzenlagen handelt, wird dieser Begriff sehr oft verwendet.

Zunehmend erscheinen bei den ehrgeizigsten Gewächsen auch die Namen einzelner Rebberge auf dem Etikett. Sie werden als Cru-Weine (vom französischen Cru = Gewächs) bezeichnet (S. 28).

Das Weinbaugebiet Piemonts liegt am Fuß der Alpen.

Willst du gut trinken, kauf einen Rebberg

Weit über 60 000 Weinbauern zählt das Piemont. Viele arbeiten nur nebenbei in Gemischtbetrieben und verkaufen ihre Ernte dann an Kellereien. Da sie in erster Linie nach dem Gewicht der verkauften Trauben bezahlt werden, haben sie großes Interesse daran, möglichst viel zu produzieren.
Anders die selbst kelternden Winzer: Sie wollen die Qualität vom Rebberg bis in die Flasche unter Kontrolle haben. Vom sehr erfolgreichen Weinproduzent Arturo Bersano stammt der Spruch: »Willst du gut trinken, kauf dir einen Rebberg.«

Reife Trauben geben den besten Wein

Winzer, die selbst keltern, können für die Qualität ihrer Weine von der Rebe bis in die Flasche garantieren.

Um Spitzenweine zu erzeugen, müssen die Trauben voll ausreifen können und ein ausgewogenes Verhältnis zwischen Zuckergehalt und Säure aufweisen. Dafür müssen sie im genau richtigen Zeitpunkt, oft auf den Tag genau, gelesen werden.
Um diese optimale Reife überhaupt erlangen zu können, müssen die Reben im Ertrag gezügelt werden. Das beginnt schon bei der Wahl der Klone (Schösslinge/Stecklinge). Es gibt solche, die starkwüchsig und ertragreich sind, andere wiederum wachsen bedächtiger und bringen weniger Früchte hervor, dafür aber oft gehaltvollere und aromatischere.

Qualität statt Quantität

Der Rebbauer hat es weitgehend in den eigenen Händen, den Ertrag zu regulieren und zu reduzieren. Er wird im Winter die Reben kräftig zurückschneiden, nur sehr mäßig oder gar nicht düngen und nötigenfalls im Sommer eine »grüne Ernte« vornehmen. Das heißt nichts anderes, als überzählige Trauben wegzuschneiden, damit die restlichen mehr Kraft und Saft und – durch Auslauben – auch mehr Licht und Sonne erhalten. Zu guter Letzt soll die Lese auch eine Auslese sein, bei der nur gesunde, ausgereifte Trauben in die Kelter kommen.

Die modernen Rebanlagen sind durchwegs im Drahtbau angelegt. Die alten Holzgerüste (Pergel) trifft man nur noch vereinzelt im Norden in den Alpentälern. Maschinenernte ist in den Steillagen der Langhe nur beschränkt möglich, im Monferrato jedoch zunehmend anzutreffen. Spitzenweine beruhen bereits im Rebberg weitgehend auf Handarbeit, die mechanische Ernte ist besonders bei der zarthäutigen Nebbiolo-Beere nicht ratsam.

Im Piemont hat sich der Drahtbau durchgesetzt. Die Ranken finden ihren Halt zwischen den Drähten.

Wie Wein gemacht wird

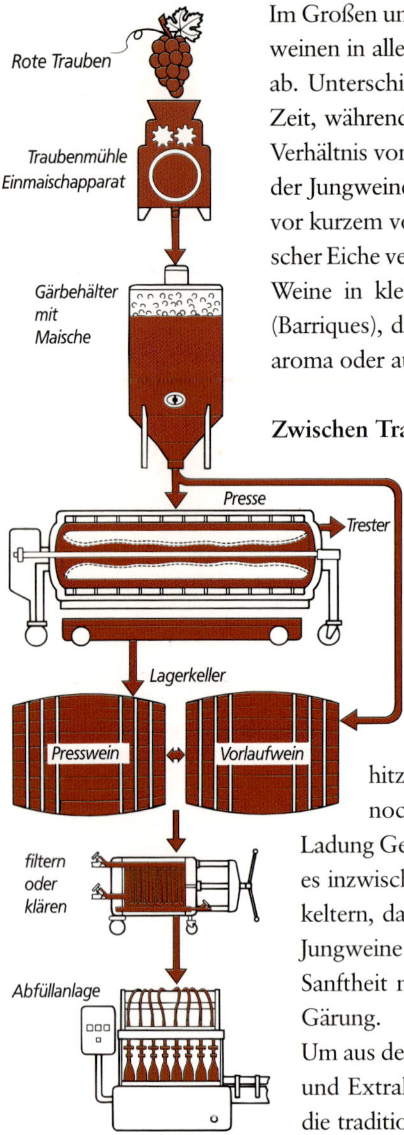

Im Großen und Ganzen läuft der Werdegang von Rotweinen in allen Weingebieten nach dem Schema links ab. Unterschiedlich sind die Gärtemperatur und die Zeit, während der ein Wein auf der *Maische* liegt, das Verhältnis von *Vorlauf-* zu *Presswein* und die Erziehung der Jungweine. Im Piemont wurden für Rotweine bis vor kurzem vor allem große Fässer aus meist slowenischer Eiche verwendet. Heute reifen viele der teuersten Weine in kleinen französischen Eichenholzfässchen (Barriques), die ihnen eine eigene Würze, ein Vanillearoma oder auch feinen Toastgeschmack verleihen.

Zwischen Tradition und Innovation

Die großen Weine des Piemont, vorab der Barolo und der Barbaresco, gelten als eigentliche Wunder der Langlebigkeit. »Galten« ist vielleicht richtiger, denn seit Mitte der Achtzigerjahre ist in den Kellern der Langhe eine technische Revolution im Gang und die Diskussionen zwischen Traditionalisten und Modernisten erhitzt die Gemüter. Kamen die »alten« Baroli noch ungeschliffen mit einer tüchtigen Ladung Gerbstoff versehen in die Flasche, so gelingt es inzwischen vielerorts, die Weine viel weicher zu keltern, das Tannin ist dann in der Fruchtfülle der Jungweine kaum spürbar. Erreicht wird diese neue Sanftheit mittels temperaturgesteuerter, gekühlter Gärung.

Um aus den Trauben trotzdem möglichst viel Farbe und Extraktstoffe extrahieren zu können, werden die traditionellen, oft hölzernen Gärbottiche durch

liegende Stahltanks ersetzt, die zudem noch rotieren, um die Maische laufend zu durchmischen.
Diese modernen Baroli sind bereits in jungen Jahren sehr zugänglich. Die großen Jahrgänge 1989 und 1990 präsentierten sich nach wenigen Jahren schon in schönster Trinkreife. Die Traditionalisten streuen nun Zweifel, ob diese prächtigen Weine lange im Zenit verharren und wie weit sie ins 3. Jahrtausend hinein rüstig bleiben werden. Ein Barolo aus der guten alten Zeit erreichte seine Perfektion oft erst nach Jahrzehnten. Wenn überhaupt! Wenn die Skeptiker der Moderne Recht bekommen, so wäre der große 1982er der letzte Barolo von gesicherter Langlebigkeit gewesen.

In den liegenden Stahltanks wird die Maische rotierend optimal durchmischt: So entstehen kräftige Weine von intensiver Farbe.

Wie die Perlen in die Flasche kommen

Von den weißen Trauben wird die größte Menge versektet, industriell meist zu Asti spumante oder in den kleineren Winzerbetrieben handwerklich zu Moscato d'Asti.
Die Trauben werden früh gelesen und sogleich abgepresst. Der Most wird in großen Stahltanks auf 0 °C gekühlt. Wenn sich die Trubstoffe nach Tagen, manchmal auch erst nach Wochen, gesetzt haben, wird der Keller langsam erwärmt und die Gärung setzt ein. Die Hefen wandeln den Zucker in Alkohol und Kohlensäure um (s. auch S. 47).
Etwa bei Halbzeit, wenn der werdende Wein gut 5 Volumenprozent Alkohol entwickelt hat, wird der Gärprozess durch Herunterkühlen gestoppt. Damit die Hefen später nicht wieder aktiv werden, filtriert man sie vor der Flaschenfüllung sorgfältig ab.
Anders als bei der Weinbereitung bleiben die Gärtanks stets hermetisch verschlossen. Die Kohlensäure kann nicht entweichen, löst sich im Wein, kommt mit in die Flasche und kann sich erst perlend im Glas befreien.

In den neuen, kleinen Eichenholzfässern (Barriques) nimmt ein Wein die Holz- und Röstaromen viel stärker an als in den großen, traditionellen Fässern.

Ordnung muss sein

Im Piemont herrscht strikte Ordnung bei der Weinklassifizierung. Selbstverständlich basiert sie auf dem italienischen Weingesetz mit seinen vier Kategorien (siehe Grafik S. 29). Der Schwerpunkt im Piemont liegt eindeutig bei der Erzeugung von Weinen an der Spitze dieser Pyramide

Die Region zählt nicht weniger als 44 geschützte regionale und lokale Ursprungszonen, welche insgesamt rund 70 DOC-Weine erzeugen. Dazu sind die drei gebietsumfassenden Schutzbezeichnungen DOC Pie-

DOC (Denominazione di Origine Controllata) – so heißt in Italien ein Wein mit kontrollierter Ursprungsbezeichnung.

DOCG (Denominazione di Origine Controllata e Garantita) ist die höchste Qualitätsstufe. Im Piemont umfasst die Kategorie heute die Weine Barolo, Barbaresco, Brachetto d'Acqui, Gattinara, Asti spumante und Moscato d'Asti.

Schon Ende des 19. Jahrhunderts warb Barbaresco für seine »Luxus- und Tischweine«.

Steckbrief der wichtigsten Piemonteser Weine

Weinname	Haupt-Traubensorte	Max. Ertrag pro Hektar	Alkohol, minimal	Reifezeit beim Erzeuger	Produktions-menge
Barolo DOCG (S. 36)	Nebbiolo 100 %	8000 kg	13 %	3 Jahre **5 Jahre**	6–7 Mio. Flaschen
Barbaresco DOCG (S. 36)	Nebbiolo 100 %	8000 kg	12,5 %	2 Jahre **4 Jahre**	2 Mio. Flaschen
Barbera 3 DOC-Zonen (S. 38)	Barbera 85 %	9000–10 000 kg	12 % **12,5 %**	**1 Jahr**	30 Mio. Flaschen
Dolcetto 7 DOC-Zonen (S. 40)	Dolcetto 100 %	8000–9000 kg	11,5 % **12,5 %**	**1 Jahr**	16 Mio. Flaschen
Asti/Moscato DOCG (S. 46)	Moscato 100 %	11 000 kg	10,5 %	keine Vorschrift	80 Mio. Flaschen

fett: Angaben für Riserva bzw. superione (S. 37, 41)

monte, DOC Langhe und DOC Monferrato in Gebrauch. Sie werden für Weine benutzt, deren Trauben aus keinem bestimmten DOC-Gebiet, wohl aber aus der aufgeführten Region oder dem Piemont stammen. Die Spitze bilden die kontrollierten und garantierten Ursprungsweine DOCG. Sie werden von einem Fachgremium verkostet und nur zugelassen, wenn sie als korrekt und typisch anerkannt werden. Erfüllen sie die Anforderungen nicht, werden sie als Wein einer niedrigeren Qualität eingestuft. Zur Zeit umfasst diese Kategorie die folgenden sechs Weine: Barolo, Barbaresco, Brachetto d'Acqui, Gattinara, Asti spumante und Moscato d'Asti.

Der Trend geht dahin, dieses Netz noch zu verfeinern und die allerbesten dieser Weine, vor allem Barolo, die aus einer eng umgrenzten, bevorzugten Lage stammen, als »Cru« auszuzeichnen. Auf vielen Etiketten sind solche Lagen bereits genannt. Aber dass gesetzlich kontrolliert würde, ob der Wein auch wirklich aus diesen Lagen stammt, das ist noch Zukunftsmusik.

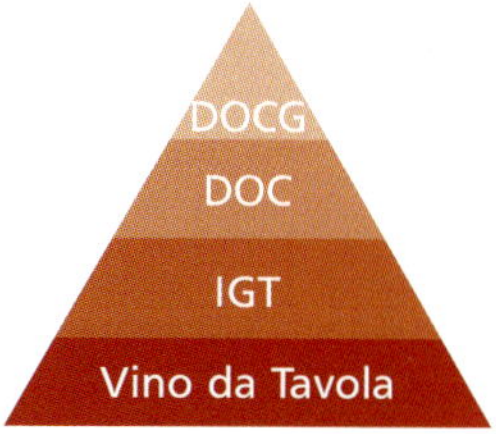

Zu den Begriffen DOCG und DOC siehe gegenüberliegende Seite. IGT, »Indicazione Geografica Tipica«, ist eine neu geschaffene Kategorie für Qualtitäten mit weniger strengen Anforderungen als DOC. Vino da Tavola – Tischwein: Der Name sagt's bereits. Ein Wein dieser Bezeichnung will im besten Fall ein anständiger Essensbegleiter sein – mehr nicht.

Die Launen der Natur

Im Piemont, am Fuße der Alpen, können die Jahre sehr unterschiedlich sein. Den Reben drohen jahraus, jahrein die Unbilden der Witterung. Frühjahrsfröste können die Schosse erfrieren lassen, sommerliche Hagelschläge die Erträge dezimieren, Herbstregen die Ernte verwässern. Es braucht schon eine schöne Portion Glück, um die Trauben heil in die Kelter zu bringen. Spitzenjahrgänge gibt es, wie die Tabelle rechts zeigt, höchstens drei bis vier in einem Jahrzehnt.

In einem Wein spiegelt sich der Verlauf des ganzen Jahres wider. Wichtig ist trockenes Wetter zur Zeit der Lese.

Aber das ist auch gut so. Es heißt nämlich nicht, dass klimatisch weniger gute Jahre unweigerlich schlechtere Weine hervorbringen. Selbst in schwierigen Jahren kann ein guter Winzer durch strenge Selektion des Traubenguts sehr ansprechende Resultate in die Flasche bringen. Nur: Diese Weine sind relativ rasch trinkreif und eignen sich nicht für langes Einkellern.

Spitzenweine aus Spitzenjahren dagegen werden sicher die ersten zehn Jahre immer besser und haben – mit den auf Seite 27 genannten Vorbehalten – eine Lebenserwartung von Jahrzehnten. Wichtiger für den Genuss ist die optimale Trinkreife, wichtiger jedenfalls als die Jahrgangswertung. Ein Spitzenjahr, unreif genossen, macht so wenig Freude wie ein Wein, der seinen Lebenszenit überschritten hat und sich im Glas müde und lustlos präsentiert.

Die Weinreife-Tabelle für höchsten Weingenuss

Jahr	Barolo	Barbaresco	Barbera (Lagerweine)	Roero (Nebbiolo)	Gavi/ Weißweine
1998	→	→	→	→	↗
1997	→	→	↗	→	★
1996	→	→	★	★	★
1995	→	↗	↗	↗	↘
1994	↗	★	★	★	↘
1993	↗	★	★	★	○
1992	↘	↘	↘	↘	○
1991	↘	↘	↘	↘	○
1990	↗	★	★	★	○
1989	★	★	↘	↘	○
1988	★	★	↘	↘	○
1987	○	○	○	○	○
1986	★	↘	○	○	○
1985	★	↘	↘	↘	○
1984	○	○	○	○	○
1983	↘	○	○	○	○

Zur Qualität der Jahrgänge:
- = hervorragend
- = gut
- = mäßig

Legende:
- → noch sehr jung, reifen lassen
- ↗ am Anfang der Trinkreife, kann noch besser werden
- ★ auf dem Höhepunkt, trinken
- ↘ Zenit überschritten, austrinken
- ○ verpasst, wäre besser schon getrunken

Die piemontesischen Weinjahre ab 1988

Weine dieser Jahrgänge sind teilweise noch im Handel erhältlich.

1998 Beste Traubenqualität, begeisternde, sehr konzentrierte Jungweine. Viel versprechend.

1997 Optimale klimatische Bedingungen. Spitzenweine werden möglicherweise noch besser als die 90er.

1996 Kühler Sommer, trockener Herbst, Regen Anfang Oktober, reichliche Ernte, gute Weine.

1995 Ideales Weinjahr, das beste seit 1990. Teils niedrige Erträge wegen Hagel.

1994 Ein regnerischer Herbst zerstörte Aussichten auf ein Spitzenjahr. Unterschiedliche Weine.

1993 Ein kühler, regnerischer Herbst beeinträchtigte die Qualität des an und für sich guten Jahrgangs.

1992 Das schlechteste Jahr des Jahrzehnts. Anständige Weißweine, kleine Rotweine.

1991 Schwieriges Jahr. Kaltes Frühjahr, heißer Sommer, verregneter Herbst. Nur vereinzelt Spitzenweine.

1990 Der anerkannt große Jahrgang mit roten Superweinen von unglaublicher Tiefe und Länge.

1989 Ein heißer trockener Sommer erbrachte wuchtige Rotweine, sehr alterungsfähig.

1988 Der erste von drei Spitzenjahrgängen. Jedoch kleine Erträge. Beschränkte Lagerfähigkeit.

CASCINACASTLET
VENDEMMIA 1988
PASSUM
VINO DA TAVOLA ROSSO
DEL PIEMONTE
BAVA
POMOROSSO
BARBERA D'ASTI
COPPO

Die Weintypen des Piemont

Der Barolo ist zweifellos die Spitze des piemontesischen Weinbergs, für viele jedoch seiner Rarität und Preise wegen kaum erreichbar und schwer erschwinglich. Sie können sich trösten: Das Land am Fuße der Berge offeriert eine Fülle von anderen köstlichen Gewächsen, die zugänglicher sind.

Mit einer einfachen Symbolik weist die Vinoteca den Weg zum Wein, den Sie suchen. Stellen Sie die vier Fragen gemäß S. 16. Die Symbole mit den Beschreibungen geben die Antworten. Die Sterne für die Qualität werden aufgrund der entscheidenden Faktoren, Rebsorte, Terroir, Jahrgang und Winzer (S. 15), vergeben.

	Die Qualität
★	für einen guten Alltagswein
★★	für einen feinen Sonntagswein
★★★	für einen prächtigen Festtagswein
★★★★	für einen grandiosen Paradewein
★★★★★	für einen absoluten Weltklasse-Wein

	Der Weintyp / Geschmack
🍷	Rotwein
🍷	Rosé
🍷	Weißwein

👄	**Ideale Gerichte zu diesem Wein**

	Lagerfähigkeit
🍾	Trinkwein
🍾	Lagerwein (Angaben in Jahren nach Ernte)

	Die Preiskategorien
❶	unter DM 10,– / € 5,–
❷	DM 10,– bis 20,– / € 5,– bis 10,–
❸	DM 21,– bis 30,– / € 10,– bis 15,–
❹	DM 31,– bis 50,– / € 15,– bis 25,–
❺	über DM 50,– / € 25,–

Die Vinoteca-Symbole zur Weinbeurteilung

★ Qualität

🍷 Weintyp/Geschmack

👄 Speise-Empfehlung

🍾 Lagerfähigkeit

❶ Preiskategorie

Links: Modern oder klassisch – so zeigt sich heute der Barbera.

Der Überblick über die piemontesischen Weintypen

Nach Rebsorten benannte Weine aus verschiedenen Zonen (zur Weinzonen-Karte rechts)

Arneis DOC ★–★★★
Zonen: Roero Arneis, Langhe Arneis
🍷 helles Gold, mild, Honigton
👄 Vorspeisen, Gemüsegerichte, Spargel
🍾 trinkreif, bis 3 Jahre
❶–❷

Barbera DOC ★–★★★★
Zonen: Alba, Asti, Monferrato
🍷 von jung moussierend bis gehaltvoll kräftig, saftig, angenehm säuerlich
👄 je nach Typ vom kalten Imbiss bis zum Sonntagsbraten
🍾 leichte Weine trinken, komplexe bis 10 Jahre lagern
❶–❷ für junge Weine, ❷–❹ für Lagerweine

Brachetto ★–★★
Zonen: Acqui DOCG, Piemonte DOC
🍷 rubinrot, aromatisches Bukett, meist süß, moussierend oder schäumend, selten trocken
👄 zu Nachspeisen, Früchtekuchen, Erdbeeren
🍾 süße Typen sind trinkreif
❶–❷

Dolcetto DOC ★–★★★
Zonen: Acqui, Alba, Asti, Diana d'Alba, Dogliani, Langhe, Ovada, Piemonte
🍷 beeriger, fruchtig-säuerlicher Trinkwein
👄 einfache Gerichte, Imbisse (Salami), Schweinefleisch
🍾 einfache Weine jung trinken, Riserva bis 5 Jahre
❶–❸

Freisa DOC ★–★★
Zonen: Asti, Chieri
🍷 kirschrot; junge Weine moussieren, Beerengeschmack
👄 Umtrunk, Vorspeisen, weißes Fleisch, Teigwaren
🍾 jung trinken, 1–3 Jahren
❶–❷

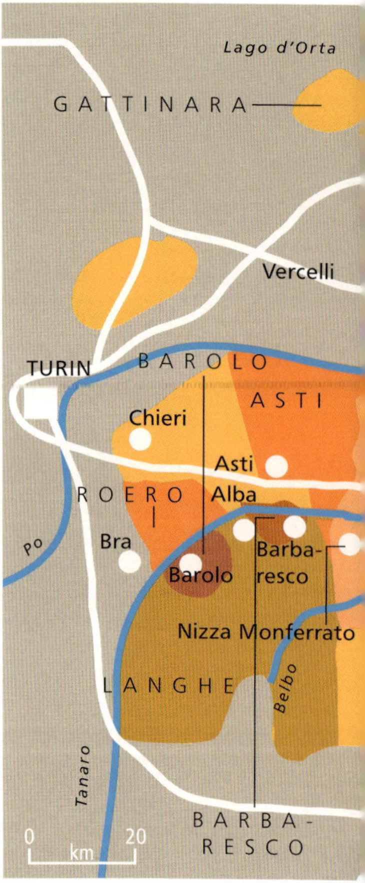

Grignolino DOC ★–★★
Zonen: Asti, Monferrato Casalese
🍷 hellrot, herb, trocken
👄 Vorspeisen, Fisch, Aufschnitt
🍾 jung trinken, 1–3 Jahre
❶–❷

Weitere geographische Bezeichnungen,:

GHEMME DOC, kleine Weinbauregion im Norden, 🍷 kräftige Weine

GATTINARA DOCG, kleine, feine Rotweinzone, 🍷 kräftige Weine

MONFERRATO DOC 🍸🍷 Weiß- und Rotweine verschiedenster Sorten

LANGHE DOC 🍸🍷 Weiß- und Rotweine verschiedenster Sorten

PIEMONTE DOC 🍸🍷 Weiß- und Rotweine verschiedenster Sorten

COLLI TORTONESI (bei Tortona) 🍸 Bianco, Cortese; 🍸 Chiaretto; 🍷 Rosso, Novello, Barbera, Dolcetto

Nach geographischen Zonen benannte Weine

Asti DOCG Spumante ★–★★ Moscato ★★–★★★

🍸 Asti spumante: aromatisch, perlend, verhalten im Alkohol (7–8,5 %)

🍸 Moscato d'Asti: leichter und süßer als der Spumante, leicht moussierend, wenig Alkohol (5,5 %)

👄 Partyweine, zu Süßigkeiten, Süßspeisen, Früchten

🍾 trinkreif, nicht lagern

Asti: ❶–❷, Moscato: ❷–❸

Barolo DOCG ★★★–★★★★★

🍷 kräftig, würzig, sehr komplex, wenn ausgereift

👄 ein Paradewein zu Rindfleisch, Wild, Hartkäse

▬ ausgesprochener Lagerwein bis 20 Jahre

❹–❺ zur Zeit sehr teuer

Barbaresco DOCG ★★–★★★★★

🍷 voller Finesse, etwas beschwingter als ein Barolo

👄 raffiniert zu Trüffelgerichten, Kalbshaxen, Gegrilltem, Federwild

▬ sehr guter Lagerwein, nicht vor 3 Jahren trinken

❸–❺ zur Zeit sehr teuer

Gavi DOC ★–★★

🍸 leichter, säuerlicher Weißwein aus der Cortese-Traube, sehr trocken

👄 Vorspeisen, Fischgerichte, Meeresfrüchte

🍾▬ trinkreif, bis 3 Jahre

❶–❷

Roero DOC ★★–★★★★

🍷 geschmeidiger Rotwein aus der Nebbiolo-Traube

👄 Fleischgerichte, Gegrilltes, Braten, gereifter Hartkäse

▬ Lagerwein, trinkreif nach etwa 2 Jahren

❷–❸

Nebbiolo DOC ★–★★★

Zonen: Alba, Langhe

🍷 fruchtiger, würziger Rotwein

👄 kalter Imbiss bis Braten

🍾▬ leicht: sofort, sonst bis 5Jahre

❷–❸

König Barolo und sein Kronprinz

Der Ruf des Piemont als hochklassiges Weinbaugebiet ist zweifellos durch den Barolo und den Barbaresco begründet worden. Die beiden Paradeweine, beide reinrassig aus der Nebbiolo-Traube gekeltert, sind seit einigen Jahren auf der ganzen Welt berühmt und sehr gesucht, was gleichbedeutend ist mit sehr rar und extrem teuer.

Blick von La Morra über die Hügel von Barolo: Hier wächst der größte (und teuerste) Rotwein Norditaliens.

Mengen- wie flächenmäßig beanspruchen sie indessen einen verschwindend kleinen Teil. Vom Barolo werden jährlich bestenfalls etwa 7 Millionen Flaschen erzeugt, vom Barbaresco gut 2 Millionen. Das sind zusammen gerade etwa 2 Prozent aller piemontesischen Flaschen.

Seine Majestät Barolo

Der Barolo reift in einer kleinen Zone 10 Kilometer südwestlich von Alba. 13 Dörfer haben das Recht, ihren Nebbiolo-Wein Barolo zu nennen. Die besten Lagen liegen in den fünf Orten Serralunga, Monforte, Castiglione Falletto, La Morra und in Barolo selbst, das dem Wein den Namen gegeben hat.

Jeder Ort hat seinen Charakter. Der Barolo aus Serralunga und Monforte ist in der Regel der langlebigste,

wuchtigste; in La Morra fällt er zartduftiger, leichter und feiner aus.
In der Art der Weinbereitung streiten sich die auf Seite 26 erwähnten zwei Stile der Traditionalisten und der Modernisten. Man wird sich mit der Zeit wohl in der Mitte finden.

Kronprinz Barbaresco

Der Barolo hat einen kleinen, feinen Nachbarn, den Barbaresco. Barbaresco ist ein Dorf nordöstlich von Alba. Der Wein dieses Namens ist weniger gewichtig als der Barolo, dafür etwas beschwingter, eleganter und voller Finesse. Es gibt noch zwei andere Gemeinden, in denen ebenfalls Barbaresco reifen darf: Treisa und Neive.

König der Weine,
Wein der Könige

Barolo und Barbaresco gehören heute zur Weltelite der Rotweine, was die Qualität, aber auch den Preis betrifft.

Schlichter, nicht schlechter: Nebbiolo

Wer den erdigen, etwas strengen Charakter der Nebbiolo-Traube in gemilderter Form entdecken möchte, dem steht eine preisgünstigere Variante offen: der Nebbiolo d'Alba. Weitere Nebbiolo-Weine, oft in hervorragender Qualität, kommen aus dem nahen Roero (S. 42) und aus den winzigen Gebieten Carema, Ghemme und Gattinara (hier wird die Sorte Nebbiolo »Spanna« genannt) am Alpenfuß.

Wein-Typ	★	🍷[1]	👄[2]	[3]	❶
Barolo DOC	★★★ – ★★★★★	kräftig, würzig, sehr komplex, wenn ausgereift	Rindfleisch, Wild (auch in Saucen), Hartkäse	5–**20** Jahre	❸–❺
Barbaresco DOCG	★★ – ★★★★★	elegant, voller Finesse, etwas beschwingter als ein Barolo	Trüffelgerichte, Kalbshaxen, Gegrilltes, Federwild, Hartkäse	3–**12** Jahre	❸–❺
Nebbiolo d'Alba	★★ – ★★★	die leichte, süffige Version eines Barolo, erdig	leichtere Fleischgerichte, z. B. Schwein	2–5 Jahre	❷

[1] trinkreife Jahrgänge: S. 31; [2] ideale Speisen zum Wein: S. 54; [3] **fett** = Lagerfähigkeit von Riserva-Weinen

Das dritte B im Bund der Großen

Im Unterschied zum Barolo und Barbaresco, die – wie im vorangehenden Kapital erwähnt – Ortsnamen sind, ist der oder die Barbera eine Traubensorte. Ob die Sorte maskulin oder feminin ist, darüber streiten sich die Sprachgelehrten. Bleiben wir zumindest für die Bezeichnung der Rebsorte beim weiblichen Geschlecht, den Wein selber nennen wir den Barbera. Im Gegensatz zu den strengen, lange verschlossenen Nebbiolo-Gewächsen sind die Barbera-Weine viel weniger mit Gerbstoff beladen und daher offenherziger, fruchtiger und süffiger.

Barbera-Weine können aus vier Ursprungszonen stammen: Es gibt die kraftvollen, herben aus Alba, die weicheren, molligeren Weine aus Asti, dem derjenige aus dem Monferrato sehr nahe kommt, der jedoch etwas weniger alkoholisch ist. Der vierte Wein im Bunde ist der mengenmäßig unbedeutende Barbera aus den Hügeln von Tortona bei Alessandria. Zudem findet sich auf Flaschen der günstigeren Sorten die generelle Bezeichnung »Barbera DOC Piemonte«.

Fruchtig bis wuchtig: Barbera

Junge Weine aus der Barbera-Traube sind lila-schwarz und sehr fruchtig. Durch Fassausbau in der Barrique entstehen große, wuchtige Weine.

Barbera – temperamentvoll und ungestüm

Spürbarer als die geographisch bedingten Nuancen ist die Art der Weinbereitung. Im Piemont selbst kommt der junge Barbera von alters her schon wenige Monate nach der Ernte als Novello auf den Markt, zu Beginn oft schäumend und sogar süßlich. Dieser Typ wird mit »vivace« oder »frizzante« bezeichnet. Im Glas braust er heftig auf und ist so dunkel, ja fast schwarz, »dass man davon violette Zähne bekommt«. Was natürlich eine Unterstellung ist.

Der klassische Barbera wird sicher mindestens ein Jahr, oft auch länger, beim Erzeuger lagern, bis er seine

anfängliche, oft aggressive Säure abgebaut und seine Harmonie gefunden hat.
Dass der Barbera, der noch vor kurzem verachtete Bauernwein, nach Barolo und Barbaresco nun plötzlich zum dritten großen Rotwein des Piemont aufgestiegen ist, verdankt er einer Gruppe von Neuerern, die das Potenzial dieser Sorte erkannt haben, es sorgfältig nutzen und eigentliche Super-Barbera zustande bringen. Meist werden diese Weine in kleinen Eichenbarriques ausgebaut.

Barbera ist eine üppig tragende Sorte. Will man Spitzenweine keltern, muss man sie kräftig zurückschneiden.

Wein-Typ	★	🍷[1]	👄[2]	🍾	❶
Barbera vivace (Novello)	★	dunkel-violett, schäumend, fruchtig süßlich	zum kleinen Imbiss, Käse, Salami, Schinken	trinkreif	❶
Barbera DOC Standard-Qualität	★ – ★★★	säurebetont, dicht	Pilzrisotto, Nudelgerichte	1–5 Jahre	❶– ❷
Barbera Super-Qualität	★★ – ★★★★	vollmundig, harmonisch, saftig, heißblütig	Sonntagsbraten	3–10 Jahre	❷– ❹

[1] trinkreife Jahrgänge: S. 31; [2] ideale Speisen zum Wein: S. 54

Der kleine Süße, der nicht süß ist

Trotz Blumendekor ist Dolcetto nicht lieblich.

Man hat in Piemont nie großes Aufsehen gemacht um den »kleinen Süßen«, wie der Dolcetto in deutscher Übersetzung heißt. Zuckersüß sind nur die dunklen Beeren, nicht aber der Wein. Man trinkt ihn vor Ort, frisch und jung, und denkt gar nicht daran, dass auch andere, jenseits der Berge, ihre helle Freude daran haben könnten. Der Dolcetto kreise im Blutlauf der Piemontesen, so freudig werde ihm zugesprochen, sagt der Volksmund.

Die Trauben sind schon Mitte September reif, wenn die großen Sorten, Nebbiolo und Barbera, noch grün hinter den Blättern sind. Früher verkauften die Bauern die verlockenden, frühreifen Trauben gleich auf dem Markt. Dogliani, ein Zentrum des Dolcetto-Anbaus, war sogar ein Traubenkurort, wo man im September seinen Körper durch Genuss großer Traubenmengen entschlackte. Heute sind die Weine bei entsprechender Kelterung spätestens Mitte des auf die Ernte folgenden Jahres für den Verkauf bereit.

Ein echter Einheimischer für den Alltag

Dolcetto ist eine Sorte, die praktisch nur im Piemont vorkommt, dort aber recht verbreitet ist. Sie hat nicht weniger als sieben anerkannte Ursprungszonen. Dolcetto DOC gibt es in Acqui, Alba, Asti, Diano d'Alba, Dogliani, Langhe Monregalesi und Ovada. Die anerkanntesten sind jene von Ovada und Dogliani, wo ihr tiefgründige, kalkreiche Böden zugute kommen.

Der Dolcetto ist der zugänglichste und daher beliebteste Wein des Piemont. Der Wein ist tiefdunkel, beinahe tintig rubin mit violetten Reflexen. Das Bukett ist sehr fruchtig, beerig oder blumig. Im Gaumen wirkt der Wein frisch und rund, fruchtig-säuerlich und fein-

Um das Städtchen Dogliani wächst ein besonders guter Dolcetto.

bitter. Zwar gibt es auch hier Tendenzen, mehr aus dem Wein zu machen, als er eigentlich ist, und den fruchtig-fröhlichen Alltagstropfen in Barriques auszubauen. »Der Barolo bringt den Namen, der Dolcetto das Geld«, sagten die Barolisti noch vor kurzem. Das allerdings mag sich in letzter Zeit umgekehrt haben. Jetzt, wo die drei großen B, Barolo, Barbaresco und auch die besten Barbera-Weine, für viele Weinfreunde fast unerschwinglich geworden sind, ist das vielleicht eine Chance für den Dolcetto, im Ausland Karriere zu machen.

Wein-Typ	★	🍷[1]	👄[2]	🍾[3]	❶
Dolcetto (7 DOC)	★ – ★★	beeriger, fruchtig-säuerlicher Trinkwein	einfache Gerichte, Imbisse (Salami)	1–3 Jahre	❶ – ❷
Dolcetto superiore/Riserva	★★ – ★★★	angenehm bitter-herb und trocken, üppiges Kirschenaroma	Schweinefleisch	**2–5** Jahre	❷ – ❸

[1] trinkreife Jahrgänge: S. 31; [2] ideale Speisen zum Wein: S. 54; [3] **fett** = Lagerfähigkeit von Riserva-Weinen

Die heimlichen Aufsteiger

Das Roero ist der Landstrich zwischen dem Po und seinem großen Zufluss Tanaro. Wenn man von Turin her kommt, ist es gewissermaßen das Vorzimmer der Langhe und der Nebbiolo, der dort Roero heißt, ist gewissermaßen ein Vorgeschmack auf die großen Barolo-Weine.

Es ist eine pittoreske Landschaft von kegelförmigen Rundhügeln, durchfurcht von tiefen Tälchen, Klüften und waldigen Schluchten. Die sandigen, quarzhaltigen Lehmböden sind leichter als in den Anbaugebieten südlich des Tanaro. Die Weine sind duftiger, eleganter, aber wohl auch kurzlebiger, doch bringen sie die Frucht der Nebbiolo-Traube sehr schön zur Geltung.

Roero – ein Rivale für Barolo?

Jetzt hat eine junge Winzergarde der Ehrgeiz gepackt, den berühmten Baroli und Barbareschi Paroli zu bieten. Bis Mitte der Achtzigerjahre mussten sie ihre Nebbiolo-Weine als DOC Alba verkaufen. Im Jahre 1985 erkämpften sie sich aber die Unabhängigkeit und er-

In den heiteren Hügeln des Roero-Gebietes nördlich des Tanaro wachsen leichtere Nebbiolo-Weine als am gegenüberliegenden Ufer in Barolo und Barbaresco.

hielten eine eigene anerkannte Ursprungszone zugesprochen, die DOC Roero. Dieser Wein besteht zu 95 Prozent aus Nebbiolo-Trauben. Die Produktionsvorschriften entsprechen denen des Barolo.

Bekannter noch als die Weine sind aber die weißen Trüffel, die aus dem Roero kommen; aber auch sie werden unter dem Namen Alba vermarktet. Ebenso das Gemüse, das in diesem Gemüsegarten und Fruchthain des Piemont wächst.

Arneis und Favorita

Zwei weiße Traubensorten sind im Kommen: die blumige, fruchtige Arneis und die herbere Favorita mit ihrem Apfelduft.

Zwei Weißweine auf Erfolgskurs

1989 schaffte dann auch eine weiße Roero-Traube die offizielle DOC-Anerkennung: der Arneis Roero DOC, der sowohl als trockener Weißwein wie als Spumante zugelassen ist. Die Produktion hat seither stark zugenommen. Der Wein ist von lichtem Gold, Honigton im Bukett, blumig oder fruchtig, im Gaumen rund, harmonisch, ausgesprochen mild, manchmal mit feiner Süße im Abgang.

Und schon gibt ein weitere alte Sorte wieder Lebenszeichen von sich. Sie heißt Favorita, gibt einen einfachen, herben Wein, der mit seinem Apfelduft stark an den guten alten Most erinnert, wenngleich er im Geschmack bedeutend weniger sauer ist. Die Favorita-Trauben sind herrlich süß und sollen mit dem Vermentino aus Ligurien verwandt, wenn nicht gar identisch sein.

Wein-Typ	★	🍷🍷[1]	👄[2]	🍾	❶
Roero DOC	★★ – ★★★★	duftiger, eleganter Rotwein (Nebbiolo)	gegrilltes Fleisch	2–8 Jahre	❷ – ❸
Roero Arneis DOC	★ – ★★★	milder Weißwein, mit feinem Honigton	Spargel, Zucchini, andere Gemüse, Eierspeisen	1–3 Jahre	❷
Favorita	★	herber, leichter, frischer Weißwein	leichtere Fleischgerichte, z. B. Schwein	1–3 Jahre	❶ – ❷

[1] trinkreife Jahrgänge: S. 31; [2] ideale Speisen zum Wein: S. 54

Gavi und die weißen Eindringlinge

Der Gavi war lange der prominenteste Weißwein des Piemont, praktisch allein auf weiter Flur. Heute erwächst ihm Konkurrenz von verschiedenen Seiten. Im Roero regen sich Arneis und Favorita, in der ganzen Region versuchen sich die Weinproduzenten mit den berühmten, klassischen Weißweinsorten aus Frankreich. Und das mit einigem Erfolg.

Ein Newcomer mit Tradition

Die Geschichte des Gavi ist jung, die Cortese-Traube, aus der er gekeltert wird, alt (S. 20). Es handelt sich um eine anspruchslose, alteingesessene Traube, die zwar keine spektakulären Weine ergibt, wohl aber einen angenehmen feinsäuerlichen Trunk. Gavi, eine Kleinstadt nahe der Autobahn Mailand – Genua, ist die Hochburg dieser Traube. Wenn die Gewächse aus den Gemarkungen der Gemeinde selbst stammen, darf sich der Wein sogar »Gavi di Gavi« nennen. In Italien ist er einer der begehrtesten, bestbezahlten Weißweine. Im Ausland dagegen ist der Gavi nur wenig bekannt und hat sich nur begrenzt durchsetzen können.

Weine aus Cortese-Trauben werden auch außerhalb der Berge von Gavi, hauptsächlich im Südosten des Piemont erzeugt, in den

In kühlen Regionen behalten Weißweine Frische und Säure. In den Weinbergen von Gavi kann auch mal Schnee liegen.

Hügeln von Tortona und im Alto Monferrato. Diese beiden Regionen sind eigene kontrollierte Ursprungszonen DOC. Dazu ist die Bezeichnung Cortese del Piemonte DOC in Gebrauch.
Um dem im Allgemeinen ziemlich neutralen Wein mehr Fülle und Bukett zu verleihen, ist es Mode geworden, ihm ein wenig Chardonnay oder Sauvignon blanc beizumischen. Das verfälscht zwar den originalen Charakter der Cortese-Weine, doch die DOC-Vorschriften zeigen sich zunehmend flexibler.

Gavi, der bekannteste Weißwein des Piemont, hält sich hier vornehm im Hintergrund.

Weiße im internationalen Stil

Die hochwertigsten Weißweine im Piemont werden heute aus den eingeführten Sorten Chardonnay und Sauvignon blanc erzeugt. Viele Produzenten in der ganzen Region kultivieren heute diese Edelsorten. Einen einheitlichen, »piemontesischen« Stil dieser Weine gibt es indessen nicht, zu verschieden sind die Kelter- und Ausbaumethoden. So findet sich alles vom frischen, fruchtigen Chardonnay aus dem Stahltank bis zum schweren, ja schwülstigen Barriquetyp.

Wein-Typ	★	🍷[1]	👄[2]	🍾	❶
Gavi DOC	★–★★	leicht, trocken, fruchtig	Fischgerichte, Meeresfrüchte	1–3 Jahre	❶–❷
Cortese del Piemonte DOC	★	hell, leicht, sehr trocken, säuerlich, meist leicht perlend	kalte Imbisse, Meeresfrüchte	1–2 Jahre	❶
Chardonnay Piemonte DOC	★–★★★	von leicht-fruchtig bis schwer-üppig	je nach Typ Fisch oder Geflügel	1–5 Jahre	❷–❸

[1] trinkreife Jahrgänge: S. 31; [2] ideale Speisen zum Wein: S. 54

Die Perlen des Piemont

Bruno Giacosa erzeugt einen hervorragenden trockenen Spumante (S. 64).

Die im Piemont sehr verbreitete goldene Muskateller-Traube wäre an sich prädestiniert für duftige Perlweine. Sie ist eine der wenigen Rebsorten, die auch in vergorener Form ein köstliches Traubenaroma ins Glas bringen kann.

Asti spumante

Der größte Teil der Ernte wird zu Asti Spumante verarbeitet – damit war in der Vergangenheit gutes Geld zu machen. Nur haben Traubenbauern und Spumante-Produzenten in der Folge maßlos übertrieben. Ohne Rücksicht auf Qualität erweiterten sie die Kapazitäten derart, dass der Wettbewerb in einen ruinösen Preiskampf ausartete und der einst so beliebte Asti spumante in eine tiefe Krise schlitterte. Leider ist, was heute auf den ausländischen Märkten noch verblieben ist, von minderer Qualität. Dabei gäbe es durchaus Köstliches zu probieren.

Moscato d'Asti

Aus den Trümmern ist dafür eine neue, leichtere Version hervorgegangen: der fruchtige Moscato d'Asti, mit weniger Alkohol und Kohlensäure. Er bringt den aromatischen Traubengeschmack des Muskatellers wieder schön zur Geltung, zeigt Herkunft und Handschrift seiner Macher deutlicher, weil er mehr ein eigenständiger Wein als ein industrielles Produkt ist. Der Moscato d'Asti erfreut sich zur Zeit in Italien als Dessertwein größter Beliebtheit. Das moussierende Weinchen erfrischt, ist wie eine saftige Frucht zur Nachspeise – und hebt den Alkoholpegel nicht mehr an als ein Bier.

Was sie unterscheidet

Der Unterschied zwischen handwerklicher Erzeugung und industrieller Produktion zeigt sich deutlich an den Produktionszahlen: Der meist von selbst kelternden Winzern erzeugte Moscato bringt es insgesamt auf ungefähr 3 Millionen Flaschen, die Industrie dagegen schwemmt etwa zwanzigmal so viel Flaschen Asti spumante auf den Markt. Das Zentrum der piemontesischen Schaumweinproduktion ist der Ort Canelli; ein Großteil des Moscato wird dort verarbeitet.

Die Süße und die Kohlensäure sind bei beiden Varianten natürlich. Im Wein verbleibt Zucker, weil die Gärung abgestoppt wird (früher durch Abfiltern der Gärhefen, heute durch Kühlung und Schwefelung). Beim Moscato geschieht das früher als beim Spumante. Deswegen ist er etwas süßer, weist mehr Restzucker auf (über 100 g/l) und hat weniger Kohlensäure entwickelt (s. auch S. 27).

Der Unterschied zeigt sich an der Flasche wie im Glas: Der Asti spumante muss des Kohlensäuredrucks wegen mit einem Sektkorken verschlossen sein, beim Moscato genügt ein Stillweinkorken. Im Glas schäumt der Spumante auf und perlt; sein süßer kleiner Bruder begnügt sich mit leichtem Moussieren.

Asti spumante und Moscato d'Asti

Während der Asti spumante wegen des Kohlensäuredrucks mit einem Sektkorken verschlossen werden muss, reicht beim Moscato ein Stillweinkorken.

Wein-Typ	★	🍷	👄[1]	🍾	❶
Asti spumante DOCG	★ – ★★	aromatisch, perlend, verhalten im Alkohol (7–8,5 %)	als Umtrunk, zu Süßigkeiten, zum Dessert	trinkreif, nicht lagern	❶ – ❷
Moscato d'Asti DOCG	★★ – ★★★	leichter und süßer als der Spumante, leicht moussierend, wenig Alkohol (5,5 %)	Süßigkeiten, Nachspeisen, Torten, Kuchen, Cremes, Früchte, Beeren	trinkreif, nicht lagern	❷ – ❸

[1] ideale Speisen zum Wein: S. 54

Spezialitäten und Raritäten

200 Traubensorten sollen im Piemont ansässig sein. Die bekannten lassen sich an einer Hand abzählen. Die vielen Unbekannten sollten deswegen nicht vergessen werden. Die Vielfalt ist ein Privileg der Weinwelt – und sollte erhalten bleiben. Glücklicherweise ist man – der internationalen Standardweinen bereits etwas überdrüssig – überall in Italien daran, die alten, vom Aussterben bedrohten Sorten wieder zu aktivieren. Die Suche kann faszinierende Resultate bringen.

Drei noch recht verbreitete typisch piemontesische Weine sollen hier vorgestellt und zum Probieren empfohlen werden.

Die Freisa-Traube ergibt köstlich erfrischende, schäumende Weine, die man nicht lange lagern sollte.

Freisa – verführerischer Erdbeergeschmack

Die Freisa, sagen die Alten, sei die wahre Traube des Piemont. Und sie schwelgen in Erinnerungen: War das ein herzhaftes Trinken, ein Genießen in vollen Zügen, wenn, mit Beginn des Sommers, der junge, hellrote Freisa kühl und schäumend aus dem Keller kam. Es ist wenig geblieben von diesen Träumen und Schäumen – doch es gibt sie noch und das Interesse an dieser alten Sorte nimmt wieder zu.

Grignolino – bittersüße Sauerkirschen

Lieblich harmlos funkelt der Grignolino im Glas, helles Rubin, orange fast. Ein Rosé? Kaum! Säuerlich und bitterlich steigt sein Duft in die Nase. Und dann der Schock im Mund: herb, streng, kratzig. Wenn es eine Spur von Charme zu entdecken gibt, dann ist es ein sehr spröder. Aber die Piemonteser schätzen diesen Wein, den es nur bei ihnen gibt, zum Essen über alles.

Brachetto – betörender Rosenduft

Früher hatte fast jeder piemontesische Weinbauer in seinen Rebgärten einige Zeilen Brachetto stehen und erzeugte damit einen Süßwein für den Hausgebrauch, der an Familienfesten kredenzt wurde. Heute wird der Brachetto vorwiegend als roter Perl- oder Schaumwein verarbeitet. Zentrum der Produktion ist die Bäderstadt Acqui Terme, welche die einzige lokale Ursprungszone ist. Charakteristisch und verführerisch ist sein feiner Duft nach Rosen. Da in letzter Zeit eine Vielzahl von unkontrollierten Brachetto-Flaschen auf den Markt kam, ist unbedingt auf die DOC-Garantie auf dem Etikett zu achten.

Weitere Entdeckungen warten …

Vielleicht begegnen Sie auf Ihren Entdeckungsreisen auch weiteren piemontesischen Raritäten, Weinen aus vom Aussterben bedrohten Traubensorten. Ihre Namen sind beispielsweise Vespolina, Bonarda, Croatina, Erbaluce, Malvasia, Ruché, Uvalino. Zögern Sie nicht: Probieren geht über studieren – im Piemont sind noch viele Weinabenteuer versteckt.

Seltene Sorten im Piemont

Wenn Sie eine Reise durchs Piemont unternehmen, können Sie Weine aus Rebsorten treffen, die Sie noch nie gehört haben: Vespolina, Croatina, Ruché … Lassen Sie sich auf das Abenteuer ein, sie zu verkosten!

Wein-Typ	★	🍷[1]	👄[2]	🍾	➊
Freisa DOC d'Asti, DOC di Chieri, DOC Langhe	★ – ★★	kirschrot, Beerenaromen, oft Erdbeergeschmack, meist leicht perlend	Vorspeisen, weißes Fleisch, Teigwaren in Butter	1–3 Jahre	➊ – ➋
Grignolino DOC d'Asti, Monferrato, Piemonte	★ – ★★	helles Rubin, fast rosa; herb und trocken, frisch- säuerlich, feinbitter	Vorspeisen, Wurstwaren, Fisch, Geflügel, Kaninchen	1–3 Jahre	➊ – ➋
Brachetto d'Acqui DOCG DOC Piemonte	★ – ★★	rubinrot, aromatisches Bukett, meist süß als Frizzante oder Spumante	Desserts mit Beeren, süßes Gebäck, auch Cremes	1–3 Jahre	➊ – ➋

[1] trinkreife Jahrgänge: S. 31; [2] ideale Speisen zum Wein: S. 54

CLERICO
DOLCETTO D'ALBA
DOLCETTO D'ALBA

Die kulinarischen Hochzeiten

Wenn es das Schlaraffenland wirklich gibt, dann liegt es hinter den Bergen, im Piemont. Die aufblühende Weinkultur in ihrer einzigartigen Vielfalt zog die Kenner aus allen Ländern an – und da Weinkundige von Natur aus keine Kostverächter sind, packte die Gastronomie die Gelegenheit beim Schopf und zog mit.

Während man auf der ganzen Welt die guten Tafeln wie rare Trüffeln mühsam suchen muss, findet man sie im Piemont an allen Ecken und Enden, in der Osteria oder Trattoria, im Ristorante und auch auf Höfen, die auf »Agroturismo«, Urlaub auf dem Bauernhof, eingestellt sind. Um in einem schlechten Lokal zu landen, muss man schon fast einen ausgesprochenen Riecher für schlechtes Essen haben.

Das Reich der Mamma

Geht man dem Geheimnis dieser exzellenten Küche nach, dann steht fast immer eine Mamma oder eine Nonna am Herd. Die Küche des Piemont ist eine Küche der Mütter, die es verstanden haben, ihre traditionellen Gerichte seit Generationen ihren Töchtern – und zunehmend auch ihren Söhnen – zu überliefern. Die wiederum spornen sich gegenseitig an und die Cucina casalinga erklimmt durch neue Impulse, durch Kreativität und Fantasie lukullische Höhen. Viva la Mamma!

Will man das Piemont genießen, dann ist weniger nicht nur mehr, sondern alles. Nicht umsonst sagt Angelo Gaja, augenzwinkernd zwar: »Um bei uns Einlass zu finden, müsste jeder Tourist eigentlich eine Prüfung bestehen …« Es müsste ein Test der Mäßigung sein.

Links: Einfache Gerichte aus marktfrischen Ausgangsprodukten – das ist das Kennzeichen der piemontesischen Küche.
Hier: das *bagna cauda*

Besonders bei den göttlichen, weißen Trüffeln. Jene Großtuer, die eine ganze Portion ohne irgendwelche Zutaten vertilgen, sollten jedenfalls draußen bleiben. Denn die Trüffel ist kein Gericht, sondern ein Gewürz. Die einfachsten Rezepte sind die besten. Ein Beispiel? Man schlage ein frisches Ei sorgfältig in eine ausgebutterte Tasse oder in ein Töpfchen, salze und pfeffere, decke mit Alufolie ab und stelle das Gefäß ins heiße Wasserbad, bis das Eiweiß hart, das Gelbe aber noch schön flüssig ist. Jetzt hoble man einige Scheibchen der edlen, weißen Knolle darüber und serviere ein Glas feinen Barolo dazu.

Doch nun schön den Weinen nach! Auf dem Tisch warten schon die Grissini, die knusprigen, dünnen Brot-Knabberstangen. Die echten sind fast meterlang und handgefertigt. Der Schmaus kann beginnen.

Die Weißweine des Piemont

Ein Gavi ist ein frischer Begleiter zu *Vitello tonnato* (Kalbfleisch mit Thunfischsauce).

Sie sind wie gemacht für die Antipasti, die köstlichen, kleinen Vorspeisen, an denen man sich leicht derart überisst, dass der Hauptgang zur qualvollen Völlerei wird. Also auch hier: Mäßigung, auch wenn es schwer fallen sollte.

Zu einem frisch-säuerlichen Gavi kann es ein *fritto misto* sein, ein frittiertes Allerlei vom Gemüse über Grießklößchen bis zu Fleischstückchen. Oder ein *batsoà,* was vom französischen »bas de soie« kommt, auf Deutsch Seidenstrumpf heißt und in Butter ausgebackene, panierte Stückchen vom Schweinsfüßchen sind. Sehr raffiniert sind eingelegte süßsaure Forellenfilets, *trota in agro-dolce.* Den milderen Arneis wird man besser zu einer *frittata al verde,* einem Kräuter- oder Gemüseomelett, wählen oder zu einem *vitello tonnato* (dünn aufgeschnittenem Kalbfleisch mit Thunfischsauce).

Die frischen, jungen Rotweine

Hier ist vor allem der Dolcetto zu nennen, dazu in einem Atemzug das *bagna cauda:* Mundgerechte Bissen von Karotten, Bleichsellerie, Fenchel, Zucchini, Blumenkohl und was man sonst an Gemüse auf dem Markt findet, werden in eine pikante, heiße Sauce aus Olivenöl, Sardellen, Butter und Knoblauch getaucht. Ein Glas hellroter, herber Grignolino wird zu Salami oder zu gegrilltem Fisch herrlich munden; ein junger, fruchtiger Barbera oder ein Freisa zu *carne cruda,* fein gehacktem, in Olivenöl und Zitronensaft mariniertem, rohem Kalbfleisch.

Die gehaltvollen Rotweine

Hier kommt ein saftiger, kräftiger Barbera infrage. Dazu wird ein *risotto ai funghi* (Risotto mit Pilzen) aufgetragen. Ebenso schmackhaft sind *tajarin,* Nudeln in Butter, über die etwas Trüffel gehobelt wird.

Barbaresco und Barolo

Ein eleganter Barbaresco, aber auch ein Spitzenbarbera mit Holzausbau, kommt mit einem *carpaccio al tartuffo* raffiniert zur Geltung. Das sind hauchdünne, rohe Rindfleischscheiben in einer Marinade aus Olivenöl und Zitronensaft, gekrönt mit darüber gehobeltem Trüffel. Zu einem wuchtigen, würzigen Barolo wird ein *brasato al Barolo,* ein in Barolo (welch ein Luxus!) geschmorter Rinderbraten das standesgemäße Gegenstück sein.

Zu flambierten Crêpes passt ein Süßwein wie beispielsweise der leichte Moscato d´Asti.

Perlendes zur Nachspeise

Auch zum Dessert wird man aus dem piemontesischen Weingarten bestens bedient: Ein Schlückchen guter Asti spumante oder Moscato d’Asti setzt einen prickelnd süßen Schlusspunkt.

Welche Weine zu welchen Speisen?

Weintypen	Weine
Schaumweine	Asti spumante (S. 46), Moscato d'Asti (S. 46)
Weißweine	Gavi DOC (S. 44), Cortese DOC (S 44), Roero Arneis DOC (S. 42), Chardonnay (S. 45)
einfache, fruchtige Rotweine	Barbera jung (vivace) (S. 38), Dolcetto (S. 40), Freisa (S. 48), Grignolino (S. 48)
gehaltvolle Rotweine	Barbera (S. 38), Nebbiolo d'Alba DOC (S. 37), Roero DOC (S. 42)
klassische Rotweine	Barolo (S. 36), Barbaresco (S. 36)
Süßweine, Dessertweine	Moscato d'Asti (S. 46), Brachetto (S. 49)

zur Wahl der Jahrgänge: siehe Trinkreife-Tabelle S. 31

Piemonteser Küche*	Speisen generell	
Grissini (dünne Brotstangen), Semifreddo (Halbgefrorenes), Torrone (Nougat-Spezialität), Panna cotta (Sahnecreme)	Aperitif-Gebäck, Süßigkeiten, Desserts	
Trota in agro-dolce (süß-saure Forelle), Vitello tonnato (Kalbfleisch mit Thunfischsauce), Carne cruda (fein gehacktes, rohes Kalbfleisch), Capônét (gefüllte Zucchini-Blüten)	Fischgerichte, Gemüsegerichte, Eierspeisen, Omeletts, weißes Fleisch, milde Frischkäse	
Bagna cauda (pikante Sauce für rohes Gemüse), Crema di porri (Lauchcremesuppe), Coniglio con i pepperoni (Kaninchen), Finanziera (Geflügelreste-Eintopf), Käsefondue, kleine Frischkäslein	Wurstwaren, Teigwaren in Butter, Kalbsragout, Pizza, zu Grignolino auch Grillfisch, milde Frischkäse	
Risotto ai funghi (Pilzrisotto), Tajarin ai fegatelli (Nüdelchen mit Leber), Bollito misto con bagnet piemontese (Eintopf mit gekochtem Rindfleisch)	herzhafte Eintöpfe, Schweinefleisch, Teigwaren mit Sauce, Hackbraten	
Stinco di vitello (Kalbshaxe), Carpaccio (fein geschnittenes Rindfleisch), Brasato al Barolo (Rinderbraten), Capretto arrosto (Zickleinbraten), Tartuffi d'Alba (Trüffelgerichte), piemontesische Hartkäse	Fleischgerichte aus dunklem Fleisch mit Sauce, Steak, Wildgerichte, Parmesan-Käse	
Bunet (Schokoladenpudding) zu Moscato; Salame dolce (Schoko-Roulade) zu Brachetto	süße Nachspeisen	

*Erklärungen zu piemontesischen Gerichten auf S. 52/53

Die schönsten Güter, die besten Weine

Im Piemont gibt es mehrere Tausend selbst kelternde Weingüter, die Zehntausende von Weinen vermarkten. Allein im deutschsprachigen Raum dürften Tausende von Weinen aller Typen und in allen Preislagen aus dem Piemont angeboten werden. Alle in diesem Guide aufgelisteten Güter erachten wir als zuverlässig und ihre Weine als empfehlenswert.

Die Sterne führen zu den qualifizierten Gütern. Meist wird eine Bandbreite der offerierten Qualitäten angegeben. ★ – ★★★★★ bedeutet, dass dieses Gut vom ehrlichen Alltagswein bis zum absoluten Weltklasse-Wein alles erzeugt. Die Preiskategorien der Weine sind mit den bekannten Münzsymbolen ❶ – ❺ vermerkt. Was Qualität und Preiskategorien im Einzelnen bedeuten, sehen Sie auf S. 33.

Der Weinratgeber, der ständig aktuell bleibt

Natürlich ändert sich das Angebot ständig, die Qualität der Weine von Jahrgang zu Jahrgang. Um stets aktuell zu bleiben, bedient sich die Vinoteca des Internets. Dort steht eine Website zur Verfügung, die vom internationalen Weinmagazin Vinum unterhalten wird. Unter der Internetadresse www.vinoteca.falken.de finden Sie Resultate und Kommentare zu den neuesten Verkostungen.

Gutschein für aktuelle Weinlisten

Wenn Ihnen das Netz der Netze noch ein Buch mit sieben Siegeln ist, so profitieren Sie vom Gutschein, der diesem Band beiliegt. Damit können Sie direkt bei Vinum kostenlos das aktuellste Verzeichnis mit den Benotungen der piemontesischen Weine anfordern.

Links: Piemont ist ein Reich der selbst kelternden Winzer.

Alfieri ★★★
Marchesi Alfieri, 14010 San Martino (Roero)

Ein wunderschönes Schloss hoch über dem Tanaro mit großer önologischer Vergangenheit – und Zukunft. Die drei Schwestern San Martino di San Germano haben das Weingut 1990 unter ihre Fittiche genommen und seither unter Anleitung des gestrengen Önologen Scaglione wesentliche Fortschritte gemacht. Ausgezeichnet sind der Grignolino Sansoero ❷, Barbera La Tota ❸, Barbera Alfiera ❸.

Almondo ★★★
Giovanni Almondo, 12030 Montà
Ein kleines, feines Familiengut am Eingang des Roero, das sehr sorgfältig arbeitet, vom Rebberg bis in die Flasche. Raffinierte Nebbiolo-Weine vom Typ Roero DOC ❸, fruchtig-frische weiße Roero Arneis ❷–❸.

Altare ★★★–★★★★★
Elio Altare, Annunziata, 12064 La Morra

Altare ist der Hohepriester der jungen Garde der Barolisti. Seine Cascina Nuova ist zum Wallfahrtsort für Weinfreunde geworden. Er lehrte eine ganze Generation, wie aus rauen Nebbiolo-Weinen subtile, samtige Gewächse werden können. Altares Palette umfasst Barolo ❹, Barolo Arborina ❺, La Villa ❹, Dolcetto ❸ und den Kultwein Vigna Larigi ❺, einen wahren Modell-Barbera.

Antoniolo ★★–★★★
Rosanna Antoniolo, 13045 Gattinara
Rosanna und ihr Sohn Alberto pflegen als einige der wenig Verbliebenen noch den Gattinara, der bis zu fünf Jahren reift, bevor er auf den Markt kommt. Es sind rustikale, ungeschliffene Diamanten der Nebbiolo-Traube, die letzten einer großen Epoche: Gattinara Osso San Grato ❸–❹, San Francesco ❸–❹, Le Castelle ❸–❹. Eine weitere Rarität aus der guten alten Zeit ist der weiße Erbaluce di Caluso ❸.

Barale ★★★
Fratelli Barale, 12060 Barolo
Dieser sehenswerte Betrieb am Marktplatz von Barolo ist einer der ältesten und namhaftesten des Ortes. Man hat etwas lange in der (erfolgreichen) guten, alten Zeit verharrt, aber nun ist Sergio Barale daran, einige alte Zöpfe abzuschneiden. Er hat die Kellerei ausgebaut und den Stil der Weine der Zeit angepasst, ohne die Tradition zu verleugnen. Sehr schöne Lagen-Baroli Castellero und Bussia ❹, ein feiner Barbaresco Rabajà ❹, aber auch gute Barbera Preda ❷, Dolcetto Bussia und Coste di Rose ❷.

Barbatella ★★★–★★★★
Cascina La Barbatella, Angelo Sonvico, 14049 Nizza Monferrato

Ein kleines Gut, ein großer Name für Barbera. Kräftig-üppige und doch sanft-weiche Weine ❷–❹.

Batasiolo ★★–★★★★
Fraz. Annunziata, 12064 La Morra

Einer der großen Betriebe im Piemont und der größte Weinbergsbesitzer in der Barolo-Zone. Aus einem industriellen Massenabfüller ist in den letzten Jahren ein hochklassiger Erzeuger mit sehr sauberen, attraktiven Weinen geworden. Die Baroli Corda della Briccolina ❺ und Boscareto ❺ sind absolute Spitze, aber auch die anderen Weine sind beachtlich: Barbaresco ❹, Dolcetto ❷, Barbera ❷–❸ und Chardonnay ❷.

Bava ★–★★★
Famiglia Bava, 14023 Cocconato

Der einstige Kellereibetrieb mit Massenproduktion hat sich zu einem interessanten Weingut geläutert, der auf der ganzen Klaviatur der piemontesischen Gewächse spielt ❷–❺. Den guten Namen hat sich Bava aber mit Barbera ❷–❹ erarbeitet.

Bersano ★–★★★
Cantine Bersano, 14049 Nizza Monferrato

Dieser Großbetrieb pflegt nicht nur die klassischen Piemonteser Weine vom Moscato ❷ über Barbera ❷–❸ und Barolo ❹ bis hin zum Brachetto ❷–❸, sondern ist für Besucher durch sein Weinmuseum und seine Sammlungen sehr sehenswert. Bersano vertreibt auch die bekannten Schaumweine von Riccadonna ❷–❹.

Borgogno ★★★
Giacomo Borgogno & figli, 12060 Barolo

Das 1761 gegründete Haus im Zentrum von Barolo erzeugt altehrwürdige, klassische Baroli. Mit ihrem Wein wurde schon 1860 die Einigung Italiens gefeiert. Man findet in dieser Kellerei auch noch sehr alte Jahrgänge, die seit Jahrzehnten in der Flasche reifen. Barolo classico ❹, Lagen-Barolo Liste ❺, daneben auch guter Nebbiolo ❷, Barbera ❷ und Dolcetto ❷.

Braida ★★★–★★★★
A. R. & G. Bologna, 14030 Rocchetta Tanaro

Von hier, vom inzwischen verstorbenen Giacomo Bologna, kam die Inizialzündung zum wundersamen Aufstieg des einstigen Bauernweins Barbera zur salonfähigen Spitzensorte. Legendär ist der Barbera Bricco dell'Uccellone ❺, sehr gut auch die anderen Barbere ❷–❹, der Moscato ❸, der Grignolino ❷–❸ oder der Brachetto ❷–❸.

Bricco Mondalino ★★–★★★
A. & M. Gaudio, 15049 Vignale
Amilcare Gaudio ist einer der Wegbereiter des Barbera ❸ und heute auch ein Spezialist für den eigenwilligen Grignolino ❷.

Broglia (La Meirana) ★★
G. Broglia, Loc. Lomellina, 15066 Gavi
Ein für die Gavi-Zone bedeutendes Gut auf hohem Niveau mit einer ganzen Serie von Gavi di Gavi ❷, wie sich die DOC-Weine nennen dürfen, die innerhalb der Gemeinde Gavi reifen.

Brovia ★★★–★★★★
G. & R. Brovia, 12060 Castiglione Falletto
Der kleine Familienbetrieb wird von den Geschwistern Giacinto und Raffaele geführt, besitzt wunderbare Reblagen, in denen ungemein wuchtige und füllige Weine heranwachsen, die aber – einmal in der Flasche – Zeit zum Reifen brauchen. Großartige Lagen-Baroli ❹–❺ alter Schule. Der Barolo Rocche dei Brovia ❺ ist stets Primus inter pares. Brovia erzeugt auch eine sehr gute Palette der übrigen piemontesischen Weine ❷–❹.

Cantalupo ★★–★★★
Antichi Vigneti di Cantalupo, 28074 Ghemme
Das einzige namhafte Gut in dieser kleinen DOC am Alpenfuß. Seine Spitzenweine ❸–❹, die

Nebbiolo mit den Ursorten der Region Vespolina und Uva rara kombinieren, sind höchst beachtlich. Von den beiden letztgenannten Sorten gibt es als große Rarität auch reinsortige Weine ❸.

Cascina Castlèt ★★–★★★★
Maria Borio, 14055 Costigliole d'Asti

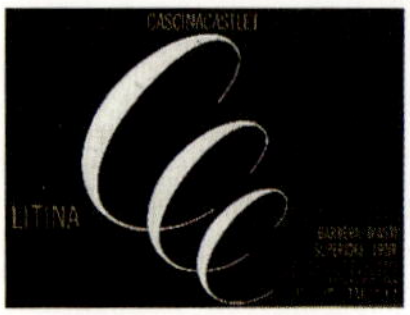

Die überaus rührige Selfmadefrau wird manchmal »Schutzheilige des Barbera« genannt. Ihre Weine fallen zuerst durch ihre attraktive, originelle Aufmachung ins Auge, bestechen dann aber auch durch ihre Qualität. Paradewein ist der Passum ❹, ein dichter Barbera aus getrockneten Trauben. Dazu kommt eine ganze Reihe anderer Barbere, vom jungen prickelnden Goj ❷, bis zum ambitiösen Policalpo ❸–❹. Fröhlich und gut der Moscato d'Asti ❷, köstlich der Süßwein Aviè ❸.

Castello di Neive ★★–★★★
Castello di Neive, 12057 Neive

Prunkstück dieses ansehnlichen Gutes ist der Prachthang Santo Stefano über dem Fluss Tanaro. Dort reift denn auch der Paradewein, der Barbaresco ❺ gleichen Namens. Daneben erzeugt das Gut unter anderem füllige Dolcetti ❷, fruchtig-aromatischen Arneis ❷ und einen Schaumwein Castelborgo ❸.

Cavallotto ★★–★★★★
F.lli Cavallotto, Bricco Boschis,
12060 Castiglione Falletto

In diesem alteingesessenen Familienbetrieb ist ein Generationen- und ein damit verbundener Stilwechsel im Gang. Die extrem harten, nicht klein zu kriegenden Baroli wurden in den letzten Jahren etwas sanfter – nicht zu ihrem Nachteil. Großartige Lagen-Baroli, wie Vigna San Giuseppe ❺ oder Bricco Boschis, solide andere Langhe-Weine: Barolo Vigna Cucolo ❷–❸, Dolcetto ❷.

Ceretto ★★–★★★★
F.lli Ceretto, Loc. San Cassiano, 12051 Alba

Die Brüder Bruno und Marcello Ceretto gehören zu den Wegbereitern des modernen piemontesischen Weinbaus. Vor den Toren der Stadt Alba haben sie sich ein sehenswertes Mustergut aufgebaut und verwalten ein ganzes Reich von eigenen und gepachteten Weinbergen. Ihre grandiosen Paradeweine sind Barolo Bricco Rocche ❺ und Barbaresco Bricco Asili ❺. Dazu kommen eine ganze Reihe feiner Lagen-Baroli und -Barbareschi sowie eine ganze Palette von Weinen aus Piemonteser und internationalen Sorten. Sehr beliebt ist ihr weißer, leicht moussierender Arneis Blangé ❷.

Chiarlo ★–★★★★
Michele Chiarlo, 14042 Calamandrana

Dieser gewiefte Unternehmer hat aus einem bescheidenen Kellereibetrieb ein imposantes Weinimperium aufgebaut. Chiarlo erzeugt die ganze Palette piemontesischer Gewächse und eine Reihe internationaler Sorten dazu, insgesamt fast 40 Weine. Spitze sind seine Lagen-Baroli ❹–❺, hervorragend die Serie der Barbere ❷–❸, die den Ruf des Unternehmens begründet haben. Neuerdings ist Chiarlo auch mit sehr guten weißen Gavi ❷ stark im Geschäft.

Chionetti ★★★
Quinto Chionetti, San Luigi, 12063 Dogliani
Papa Chionetti thront auf einsamer Höhe an der

Südgrenze der piemontesischen Weinzone. Sein ganzes Herz gilt den Dolcetti Briccolero ❷–❸ und San Luigi ❷, herzhaften und zugänglichen Weinen.

Cisa Asinari ★★–★★★★
Marchesi de Gresy, 12050 Barbaresco

Wie in einem Amphitheater liegt der wichtigste Rebberg dieses bedeutenden Gutes in der Senke Rabajà. Die Crus, die dort reifen, können unnachahmlich sein: Barbaresco Camp Gros ❺ und Gaiun ❺. In weniger großen Lagen ist Marchese Alberto di Gresy sehr experimentierfreudig: Dolcetto ❷, Nebbiolo ❸, Virtus (Barbera/ Cabernet Sauvignon) ❹, Chardonnay ❷–❸, Sauvignon ❸, Moscato ❷.

Clerico ★★★–★★★★★
Domenico Clerico, Loc. Manzoni Cucchi, 12065 Monforte d'Alba

Einer der jungen Himmelsstürmer unter den Barolisti. Sein Weinstil ist elegant und raffiniert; seine Baroli ❺ aus besten Lagen sind begeisternd, sein Paradewein Arte ❺ (90 % Nebbiolo/10 % Barbera) ist ein höchst gelungenes Werk. Daneben erzeugt Clerico sehr gepflegten Dolcetto ❷ und Barbera ❷–❸.

Colla ★★★
Poderi Colla, Loc. San Roco Seno d'Elvio, 12051 Alba

Das bedeutendste der drei Güter, die der Familie gehören, liegt im Gebiet des Barbaresco. Das Unternehmen ist noch jung, wird aber hinter den Kulissen vom erfahrenen Beppe Colla geleitet, der schon Prunotto auf Erfolgskurs brachte. Barbaresco ❹, Bricco del Drago (Dolcetto/Nebbiolo) ❹, Dolcetto ❷–❸, Freisa ❷–❸.

Conterno, Aldo ★★★–★★★★★
Aldo Conterno, Bussia, 12065 Monforte d'Alba

Zusammen mit seinem Bruder Giacomo Conterno einer der großen Altmeister des Barolo, der sich jedoch auch klugen Neuerungen nicht verschließt. Seine Weine sind Klassik und Klasse, die großen Baroli ❹–❺ ein sicherer Wert. Seine aufstrebenden Söhne erzielen beachtliche Erfolge mit den Chardonnays Bussiador und Printaniè ❸–❹. Selbst die kleinen Weine von Aldo Conterno sind groß: Barbera d'Alba ❸–❹ , Dolcetto ❷.

Conterno, Giacomo ★★★★–★★★★★
Giacomo Conterno, Ornati, 12065 Monforte d'Alba

Giacomo Conterno führte die 1770 gegründete Weinkellerei weiter, als er sich von seinem jüngeren Bruder Aldo trennte. Er ist sozusagen der Gralshüter des Barolo. Sein Kultwein Monfortino ❺, den er nur in Spitzenjahren erzeugt, ist ein zeitloses Monument. Meisterhafte Werke, die weit über den Schwankungen des Zeitgeistes stehen, sind auch seine anderen Weine: Barbera ❸–❹, Dolcetto ❸, Freisa ❸.

Conterno, Paolo ★★★–★★★★
Paolo Conterno, 12065 Monforte d'Alba

Paolo hieß der Vater, sein Sohn Giorgio pflegt heute das kleine Familiengut mit einer seltenen Hingabe. Sein stiller Ehrgeiz ist es, das Terroir der Spitzenlage Ginestra immer klarer zum Ausdruck zu bringen, was ihm perfekt gelingt. Der Ginestra ist ein großer Lagen-Barolo ❺. Beachtlich sind sein Barbera ❸ und Dolcetto ❷–❸.

Conterno-Fantino ★★★★
Conterno-Fantino, Loc. Bricco Bastia, 12065 Monforte

Guido Fantino und die Brüder Diego und Claudio Conterno sind die Aufsteiger des Jahrzehnts. Ihr begeisternder, voluminöser Barolo Sorí ❺ ist in den besten Jahren schlicht perfekt. Auch in den anderen Weinen zeigt sich ihre Meisterschaft: Monprà ❸–❹, Barbera Vignota ❸–❹, Dolcetto ❷–❸, Bastia Chardonnay ❸.

Contratto ★★–★★★
Carlo & Antonella Bocchino, 14053 Canelli

Dieses einstige Familiengut ging 1993 in die Hände der renommierten Grappa-Brenner Bocchino über, die seither große Anstrengungen unternehmen, den Anschluss an die Spitze zu schaffen. Nebst der ganzen Palette der Piemonteser Weine ❷–❹ auch ausgezeichnete Spumanti Contratto ❸.

Coppo ★★–★★★★
Luigi Coppo & figli, 14053 Canelli

Seit sie in den Händen der jungen Generation von vier Brüdern ist, wandelt sich die einst renommierte Spumante-Kellerei in ein Spitzengut. Insbesondere der Barbera Pomorosso ist ein Meisterwerk ❹. Interessant sind auch der Mondaccione (Freisa) ❷, der Grignolino ❷ und die anderen Barbere ❷–❸. Gekonnte Chardonnays ❷–❸ und Spumanti ❷–❹.

Corino ★★★★
R. & G. Corino, Fraz. Annunziata, 12064 La Morra
Dieses kleine Familiengut erzeugt hervorragende Lagen-Baroli ❺ von ausgesuchter Feinheit. Berühmt geworden sind die Brüder Corino indessen mit ihrem üppigen Barbera Vigna Pozzo ❺. Auch die bescheideneren Corino-Gewächse sind ausgezeichnet: Barbera ❸, Nebbiolo ❸, Dolcetto ❷.

Cornarea ★★–★★★
Francesca Rapetti, 12043 Canale
Eines der bedeutendsten Arneis-Güter des Roero, das seine Produktion auf jung trinkbare duftig-blumige Weine ausgelegt hat: Roero Arneis Cornareo ❷. Als süße Spezialität wird ein füllig-aromatischer Arneis Passito Tarasco ❸–❹ aus getrockneten Trauben erzeugt.

Correggia ★★★★
Matteo Correggia, 12043 Canale

Kaum volljährig, musste Matteo infolge eines tragischen Unfalls seines Vaters das kleine Familiengut übernehmen. Heute, nach einem Jahrzehnt, ist es ein wahres Schmuckstück und der Nebbiolo Val dei Preti ❹ braucht die besten Baroli nicht zu fürchten. Der Bricco Marun ❹ ist gar einer der besten Barbere des Piemont. Matteos größte Liebe indessen gilt dem Brachetto, den er sowohl trocken ❸ wie auch süß als Passito ❹ ausbaut. Ein höchst subtiler Arneis ❷–❸ ergänzt die feine Reihe von Weinen.

Deltetto ★–★★★
Carlo Deltetto, 12043 Canale

Eine alteingesessene Kellerei in Canale, dem Hauptort des Roero, die begonnen hat, auch Weine aus eigenen Rebbergen zu keltern: einen hervorragenden Roero Madonna dei Boschi ❸, einen feinen Roero Arneis San Michele ❷–❸, daneben eine Palette guter anderer Weine ❷, darunter ein spritziger Favorita ❷.

Dezzani ★★–★★★
F.lli Dezzani, 14023 Cocconato
Bedeutendes Handelshaus in Familienbesitz, das neben einer großen Auswahl an Barbera ❶–❸ die ganze Palette der Piemonteser Gewächse mit allen Spezialitäten im Programm hat und trotz seiner Größe durchweg beachtliche und preiswerte Weine hervorbringt. Die Firma besitzt auch das Qualitätsgut Casa Martelletti ❷–❹.

Einaudi ★★–★★★
Luigi Einaudi, 12063 Dogliani
Die Nachkommen des ersten italienischen Präsidenten der Nachkriegsjahre haben sein Landgut zu einem erstklassigen Weinbaubetrieb ausgebaut, der hervorragenden Dolcetto ❷ erzeugt, aber auch guten Barbera ❷–❸ und Barolo ❹.

Fenocchio ★★★
Giacomo Fenocchio, Bussia Sottana, 12065 Monforte

Ein kleiner Familienbetrieb direkt am Fuß der berühmten Lage Cannubi, der auch Gäste zum Essen und Übernachten empfängt und dabei eine echte, altpiemontesische Küche pflegt. Solider, guter Barolo Cannubi ❹ und Bussia ❹.

Fontanafredda ★★–★★★★
Fontanafredda, 12050 Serralunga

Ein Gut mit Geschichte. Es wurde 1878 vom Sohn des Königs Vittorio Emanuele II. als erster Qualitätsbetrieb des Piemont gegründet und hat seine Stellung bis in unsere Zeit gehalten. Der größte Barolo-Erzeuger ist heute im Besitz einer toskanischen Bank und erzeugt Baroli ❹–❺ aus sieben Lagen. Viel Ehrgeiz setzt man neuerdings in die Produktion eines Schaumweins mit Flaschengärung Brut Cattinera ❸. Unter der Marke Fontanafredda findet man aber auch die ganze piemontesische Weinpalette: Barbaresco ❹, Barbera ❷–❸, Roero ❷–❸, Asti Contessa Rosa ❷, Gavi ❷, Arneis ❷.

Forteto della Luja ★★★–★★★★
Giancarlo Scaglione, Cascina Rosso, 14050 Loazzolo
Der Besitzer ist einer der Spitzen-Önologen des Piemont und berät eine ganze Serie namhafter Weinproduzenten. Auf seinem eigenen kleinen Gut hoch oben in Loazzolo erzeugt er begeisternde Süßweine, den weißen Moscato Forteto della Luja ❺ und den roten Brachetto Pian dei Sogni ❹. Auf der trockenen Seite besticht der Le Grive (Barbera/Pinot nero) ❹.

Gagliardo ★★–★★★
Gianni Gagliardo, Fraz. S. Maria, 12064 La Morra
Gianni Gagliardo ist ein gewiefter Marketing-Manager, der die ganze Serie seiner guten piemontesischen Weine zusammen mit feinen Spezialitäten aus der Langhe vermarktet. Erwähnenswert vor allem sein Batié, ein reinsortiger Nebbiolo ❹, und seine diversen Barbere ❷–❸. Für seinen Favorita ❷ aus dem Roero setzt sich Gagliardo besonders ein.

Gaja ★★★–★★★★★
Angelo Gaja, 12050 Barbaresco

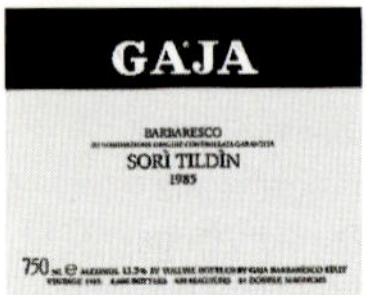

Angelo Gaja ist die überragende Weinpersönlichkeit des Piemont (S. 6). In zwei, drei Jahrzehnten gelang es ihm, bei den Weinkennern Weltruf zu erlangen. Sein Name ist so bekannt und berühmt wie der Name Rothschild in Frankreich oder Mondavi in Kalifornien. Er wurde zur eigentlichen Lokomotive der piemontesischen Weinwirtschaft und spornte eine ganze Generation von jungen Winzern zu Höchstleistungen an. Ohne ihn wäre das Piemont nicht, was es heute ist. Seine Weine sind von höchster Perfektion, füllig, fruchtig, sehr harmonisch und komplex. Auch in Sachen Preis sind sie Spitze. Schwerpunkt der Produktion sind Gajas Barbareschi ❺, davon sind Sorí Tildin ❺ und Sori San Lorenzo ❺ legendäre Weltklasse-Weine. Ebenso berühmt ist sein Barolo Sperss ❺, sein Cabernet Sauvignon Darmagi ❺, sein Chardonnay Gaja & Rey ❺. Selbst seine kleineren Weine, Barolo Sitorey ❹ oder Dolcetto Cremes ❸, sind noch turmhoch über dem Durchschnittsniveau.

Gancia ★★–★★★★
Fratelli Gancia, 14053 Canelli

Gancia hat sich einen sehr guten Namen mit Schaumweinen gemacht. Die Spitzencuvée Vintage dei Gancia ❺, ein Blanc de Blancs aus Chardonnay-Trauben, ist eine der besten des Landes. Aber auch die anderen einfacheren Spumanti sind überdurchschnittlich ❷–❸. Vor einiger Zeit erwarb Gancia zudem eine Parzelle in der Barolo-Spitzenlage Cannubi und erzeugt dort den samtigen Barolo Cà dei Gancia ❺.

Gastaldi ★★★–★★★★
Bernardino Gastaldi, 12057 Neive
Der junge Gastaldi hat seinen Sitz zwar im Barbaresco-Gebiet – und macht doch keinen Barbaresco. Er assembliert seine Nebbiolo-Trauben mit einer anderen, kaum bekannten Sorte und verkauft den Wein schlicht als Gastaldi Rosso ❹. Fast ebenso begeisternd ist sein Bianco ❸–❹. Richtungsweisend gar ist sein Dolcetto Moriolo ❹, mit dem er beweist, dass sich aus der populären Sorte große Weine keltern lassen.

Giacosa ★★★–★★★★★
Cantine Bruno Giacosa, 12057 Neive
Bruno Giacosa ist der große alte Mann des piemontesischen Weins. Kaum einer hat eine solche Erfahrung wie er, der in seiner Kellerei bald 50 Jahrgänge gekeltert hat. Giacosa kauft den Großteil der Trauben bei Winzern ein, beweist dabei aber feines Gespür für bestes Rohmaterial. Erst in letzter Zeit hat er auch eigene Rebberge erworben. Der Name Giacosa bürgt in jedem Fall für erste Güte. Seine Paradeweine sind der Barbaresco Santo Stefano ❺ und der Barolo Rionda ❺. Daneben umfasst die Produktion die ganze Vielfalt piemontesischer Gewächse ❷–❺. Spezialisiert ist Giacosa auf Weißweine. Er hat den Roero Arneis ❸ zu neuem Leben erweckt und produziert auch einen Schaumwein nach der Champagner-Methode ❹.

Glicine ★★★
Cantina del Glicine, R. B. & A. Marzi, 12057 Neive

Dieses kleine Weingut ist ein Kleinod, die Gewölbekeller sind von alter Romantik und Besucher werden mit einer Herzlichkeit und Gastlichkeit empfangen, die heutzutage nicht mehr selbstverständlich sind. Kleine Kostbarkeiten sind auch die Weine: Barbaresco ❹, Barbera ❷–❸, Dolcetto ❷, Freisa ❷, Roero Arneis ❷.

Grasso ★★★–★★★★★
Elio Grasso, 12065 Monforte

Bis 50 Bankangestellter, ab dann Winzer. Und was für einer: Elio Grasso ist ein stiller, bescheidener Mensch. Er redet durch seine Weine – und die sind großartig. Aus der erstklassigen Lage Ginestra zaubert er die wunderschönen, charaktervollen Baroli Casa Maté ❺ und Gavarini ❺ und einen prächtigen Barbera Vigna Martina ❹. Auch seine kleineren Weine können verkostet werden: Dolcetto ❷–❸, Gavarini (Nebbiolo) ❸, Educato (Chardonnay) ❸.

Gromis ★★★
Gromis, 12064 La Morra
Bis 1995 hieß dieses Weingut Marengo Marenda. Als Angelo Gaja es übernahm, taufte er es in Gromis um. Die Möglichkeiten im berühmten Weinberg Cerequio sind groß, doch wurden sie bislang nicht voll genutzt. Gaja wird's richten. Barolo Conteisa Cerequio ❺.

Liedholm ★–★★★
Carlo Liedholm, Villa Boemia,
15040 Cuccaro Monferrato
Der Ruhesitz des arrivierten schwedischen Fußballtrainers, der in Italien große Erfolge feierte. Sein Sohn Carlo hat das Weingut ausgebaut, das mit dem Rosso della Boemia ❹ eine anerkannte Spitzenassemblage erzeugt, daneben gute Barbere ❷–❸, Grignolino ❷ und den Weißwein Bianco della Boemia ❷.

Malabaila ★–★★★
Conte Corradino Carrega Malabaila,
12043 Canale
Lange wurden diese Weine im altehrwürdigen Castello di Canale gekeltert. Nun aber hat mit einer modernen Kellerei außerhalb des Ortes eine neue Ära begonnen. Paradewein ist der opulente Arneis Pradvaj ❷–❸. Gute Qualität bei den anderen Gewächsen des Roero ❷.

Malvirà ★★★–★★★★
F.lli Damonte, 13043 Canale

Die Brüder Damonte sind Großmeister des Arneis. Für den größten Teil ihrer drei Lagenweine ❷–❸ setzen sie sehr gekonnt und subtil Barriques ein. In jüngerer Zeit wird auch ihren Nebbiolo-Weinen (Roero superiore ❸, Renesio ❸–❹) große Anerkennung zuteil.

Marcarini ★★–★★★★
Anna Marcarini, 12064 La Morra
Der Reichtum dieses Familienguts, das einer Notarsfamilie aus dem nahen Bra gehört, sind große Parzellen an den besten Barolo-Lagen im Ort, Brunate ❹ und La Serra ❹. Legendär ist der rare Dolcetto Boschi di Berri ❹ aus hundertjährigen Reben.

Martinetti ★★★–★★★★
Franco M. Martinetti, 10123 Turin

Martinetti ist vor allem Feinschmecker und betreibt einen schwungvollen Direktvertrieb für Delikatessen und Weine. Seit einigen Jahren keltert er seine eigene Weinserie, und sein Barbera Montruc ❺ ist zum Kultwein geworden. Erfolgreich auch seine anderen Weine Sul Bric (Barbera/Cabernet) ❹ und Gavi Minaia ❸.

Martini & Rossi ★–★★★★
Martini & Rossi, 10020 Pessione
Das große, 1863 gegründete Haus ist zwar heute mehrheitlich im Besitz der Bacardi-Gruppe, aber sein Stolz ist nach wie vor die Produktion von Asti spumante, mit dem man sich einen Marktanteil von etwa 25 % erarbeitet hat. Paradewein ist der Montelera brut Riserva ❹, anerkannt gut der normale Asti spumante ❷.
Das Museum Martini, eines der bedeutendsten Weinbaumuseen der Welt, ist einen Besuch wert.

Mascarello, Bartolo ★★★–★★★★
Bartolo Mascarello, 12060 Barolo

Er nennt sich selber den letzten Mohikaner des Ur-Barolo. Er baut den Wein wie früher in großen alten Fässern aus, filtriert nicht und füllt ihn nach dem Stand des Mondes ab. Auf seinem Barolo-Etikett, das er selber gezeichnet hat, steht denn auch provokativ: »No barrique«. Wer einen Karton davon kauft, erhält eine seiner naiven Zeichnungen als Geschenk. Der Spitzenwein ist natürlich sein Barolo ❹, voller Charakter auch der Barbera ❷, der Dolcetto ❷–❸ und der Freisa ❷.

Mascarello, Giuseppe ★★★–★★★★
Mauro Mascarello, 12060 Monchiero

Vor gut 30 Jahren hat Mauro den väterlichen Betrieb übernommen und seither mit einer seltenen Konstanz hochklassige Weine erzeugt. Sein Barolo Monprivato ❺ ist selbst in schlechteren Jahren einsame Klasse. Berühmt sind sein Barbera La Serra ❹ und sein üppiger Dolcetto Il Bricco ❸.

Massolino ★★–★★★★
G., R. & F. Massolino, 12050 Serralunga
Die drei Brüder haben sich ganz der Tradition verschrieben und bauen ihre Baroli aus guten Jahrgängen bis zu vier Jahre im Holz aus. Es sind starke, strenge Lagen-Baroli: Vigna Rionda ❺, Parafada ❹, Margherita ❹. Daneben erzeugt das Gut auch Nebbiolo ❸, Dolcetto ❷, Chardonnay ❸ und als Spezialität einen Brachetto ❷–❸.

Moccagatta ★★–★★★★
F. & S. Minuto, 12050 Barbaresco

Das noch junge Weingut der Brüder Minuto ist schnell zu einem der besten der Barbaresco-Zone geworden. Spitzenwein ist der Barbaresco Bric Balin ❺. Dazu kommen eine ganze Reihe anderer Barbareschi ❹–❺, ein Barbera ❸, ein Dolcetto und – als weiteres Schwergewicht – zwei Chardonnays ❸–❹.

Neirano ★–★★★
Tenute Neirano, Casalotto, 14046 Mombaruzzo

Neirano ist vor allem ein bekannter Schaumweinhersteller mit gutem Asti spumante ❷–❺, der aber auch die ganze Palette Piemonteser Weine in sauberer, preiswerter Qualität anbietet ❶–❸.

Nervi ★–★★★
Famiglia Bocciolone, 13045 Gattinara
Nervi ist ein alteingesessenes Weingut, das in den Neunzigerjahren, nachdem es von der Industriellenfamilie Bocciolone übernommen wurde, eine Renaissance erlebt. Die Weine sind raffinierter als die anderen Gattinara-Weine, weniger rustikal, dafür eleganter und nach wenigen Jahren trinkreif. Spitze sind der Cru Molsino ❸–❹ und die Riserva ❸–❹. Weitere typische Weine: Vespolina ❸, Spanna ❷–❸.

Oddero ★★–★★★★
Fratelli Oddero, Santa Maria, 12064 La Morra

Dank dem Besitz einer ganzen Reihe von hervorragenden Rebbergen sind die Weine von Oddero von herausragender Qualität, sehr konzentriert und ausgesprochen vollfruchtig. Die umfangreiche Produktion umfasst Spitzencrus von Barolo, allen voran Vigna Rionda ❺, dazu praktisch alle DOC-Weine von Alba: Barbaresco ❹, Barbera ❷–❸, Freisa ❷.

Parusso ★★★–★★★★
Armando Parusso, Bussia,
12065 Monforte d'Alba

Das kleine, feine Familienweingut hat einen Generationenwechsel hinter sich und die Geschwister Tiziana und Marco sind daran, den Weinen den letzten Schliff zu geben. Mit Erfolg, wie der Barolo Bussia ❺, der Barbera ❸, der Dolcetto ❸ zeigen. Ihre neueste Kreation, der weiße Sauvignon Bricco Rovella ❹, ist ein Volltreffer.

Pecchenino ★★★
A. & O. Pecchenino, 12063 Dogliani
Die Brüder Pecchenino sind die großen Meister der kleinen Weine. Ihre Dolcetti ❷–❸ und ihr Freisa ❷ sind ausgesprochen fein – und haben noch moderate Preise.

Pio Cesare ★★–★★★★
Pio Boffa & Paolo Fenocchio, 12051 Alba

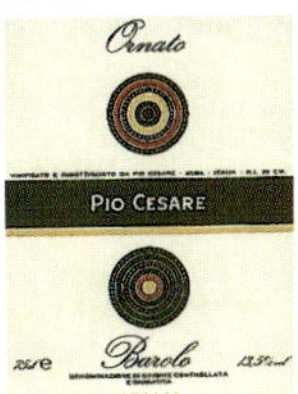

Aus einem über hundertjährigen Handelshaus ist ein Weingut mit neuem Glanz erstanden. Neben den erstklassigen, strengen Lagenweinen Barolo Ornato ❺, Barbaresco Il Bricco ❺ werden guter Barbera ❸, Dolcetto ❷–❸, Gavi ❷ und, besonders renommiert, die weißen Chardonnays ❷–❹ erzeugt.

Pira ★★★★
Chiara Boschis, 12060 Barolo
Eine Frau – ein Barolo. Und was für einer: herzlich und herzhaft, samtig und fruchtig ❺. Der Zweitwein heißt nach der Sorte einfach Nebbiolo ❸.

Principiano ★★★–★★★★
A. & F. Principiano, 12065 Monforte d'Alba

Ferdinando ist noch keine 30 und mit seinen beiden Spitzencrus Barolo Boscareto ❺ und Barbera Pian Romulado ❸ bereits ein Star der Langhe.

Produttori del Barbaresco ★★–★★★
Cantina Produttori, 12050 Barbaresco

Ein Genossenschaftsbetrieb von 60 Winzern, der in ganz Italien als mustergültig gilt. Entsprechend gut ist die Reihe der Barbareschi ❸–❹, die aus dieser kleinen Cooperativa kommen.

Prunotto ★★–★★★★
Alfredo Prunotto, San Cassiano, 12051 Alba

Das Gut gehört zum Wein-Imperium der toskanischen Adelsfamilie Antinori. Die Lagengewächse sind unbestritten Spitze: Barolo Bussia ❺ Cannubi ❺, Barbaresco Montestefano ❺. Die einfacheren Weine sind von sicherer Qualität: Barbera ❸, Dolcetto ❷, Roero Arneis ❷.

Ratti ★★–★★★★
Renato Ratti, Annunziata, 12064 La Morra

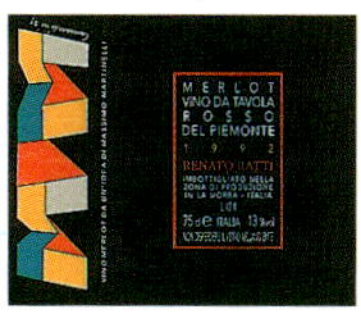

Renato Ratti ist seit einem Jahrzehnt tot, aber sein kämpferischer Geist lebt in seinem Gut weiter, getragen von Sohn und Schwiegersohn, die nebst dem Spitzenbarolo Marcenasco ❺ eine breite Palette piemontesischer und internationaler Weine erzeugen, z. B. Nebbiolo ❸, Barbera ❸, Dolcetto ❷, Cabernet Sauvignon I Cedri ❹.

Rocca, Albino ★★–★★★★
A. & A. Rocca, 12050 Barbaresco

Ein kleines Gut, das sich in den Neunzigerjahren an die Spitze emporgearbeitet hat. Barbaresco Bric Ronchi ❺ ist der Prestigewein, daneben gibt es exzellente andere Barbareschi ❹, Barbera ❸, Dolcetto ❷ und den überraschenden weißen Cortese Rocca ❷.

Rocca, Bruno ★★★–★★★★★
Bruno Rocca, 12050 Barbaresco

Wenn heute dem großen Gaja in Sachen Barbaresco einer das Wasser reichen kann, dann Bruno Rocca. Was dieses kleine Gut hervorbringt, ist schlicht sagenhaft, elegant und subtil. Barbaresco Rabajà ❺, Barbera ❸, Dolcetto ❷–❸, Chardonnay ❹.

Rocche dei Manzoni ★★–★★★★
Valentino Migliorini, Manzoni soprano, 12065 Monforte d'Alba

Valentino ist eine wandelnde Legende der Langhe. Aus dem ehemaligen Wirt ist ein leidenschaftlicher Weinproduzent geworden, berühmt für seine Baroli ❺, geachtet für seine ganze Weinpalette: Bricco Manzoni (Nebbiolo/ Barbera) ❹, Pinònero ❹, Barbera ❸, Dolcetto ❷–❸, Chardonnay ❸. Er selbst ist am meisten stolz auf seinen trockenen Schaumwein Brut Zero ❹.

Sandrone ★★★–★★★★★
Luciano Sandrone, 12060 Barolo
Luciano ist ein unverbesserlicher Tüftler, dem es gelingt, das Sorten- und Lagentypische seiner Weine in voller Reinheit zum Ausdruck zu bringen. Sein Barolo Cannubi Boschis ❺ ist legendär, Barbera ❸, Nebbiolo ❸, Dolcetto ❷ sind vom Feinsten.

Saracco ★★–★★★
Paolo Saracco, 14053 Castiglione Tinella
Im Zentrum des Moscato-Anbaugebietes erzeugt dieses mittelgroße Weingut Schaumweine, die weit über dem Mittelmaß liegen: Moscato d'Asti ❷–❸, Asti La Selvatica ❷. Dazu kommt ein sehr ansprechender Freisa La Bastiana ❷.

Scarpa ★★★–★★★★
Antica Casa Vinicola Scarpa, 14049 Nizza Monferrato

Mario Pesce, der Haupteigner dieses Gutes, ist eine faszinierende, eloquente Persönlichkeit. Er hat die alten Werte der piemontesischen Weinbaukunst in verdienstvoller Weise erhalten. Seine Kellerei ist fast ein Museum. Die Scarpa-Weine sind anders als alle anderen und höchst interessant.
Neben ehrwürdigen, konventionellen Barbere ❸–❹ gibt es eine ganze Reihe von ausgesprochenen Raritäten, wie Rouchet Briccorosa ❸, Brachetto secco ❸, Freisa ❷–❸, Grignolino ❷–❸, Dolcetto ❷–❸.

Scavino ★★★–★★★★★
Paolo Scavino, 12060 Castiglione Falletto

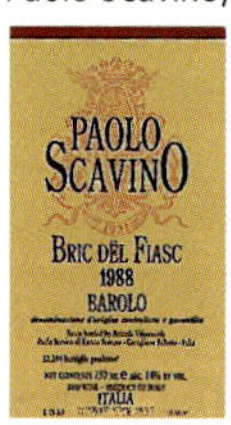

Paolo hieß der Vater, Enrico hat sein Erbe an die Spitze der Barolo-Weingüter geführt. Er ist ein Pionier in der Weinbereitung und der unbestrittene Vorreiter des modernen, samtig-eleganten Barolo, der schon nach wenigen Jahren höchsten Genuss verschafft. Lagen-Baroli Bric del Fiasc ❺, Cannubi ❺, Riserva Rocche ❺. Herausragend sind auch Scavinos Barbera ❸ und Dolcetto ❷–❸.

Scrimaglio ★–★★★
F. & M. Scrimaglio, 14049 Nizza Monferrato

Eine der großen Weinkellereien, die mit ihrem Barbera Croútin einen Spitzenwein im Sortiment hat. Andere gute Weine: Barbera, Grignolino, Freisa, Cortese, Gavi, Chardonnay, alle ❶–❷.

Sebaste Sylla ★–★★★
Az.agr. Sebaste, San Pietro delle Viole, 12060 Barolo
Das Weingut hat Höhen und Tiefen erlebt. Nach dem Tod der früheren Besitzerin übernahm der Sohn Mauro den Betrieb, schuf 1993 einen Spitzen-Barolo und verschwand in der Versenkung – um einige Jahre später ein neues Gut aufzubauen. Die Weinpalette ist reichhaltig: Barolo Bussia ❺, Dolcetto ❷, Roero Arneis ❷, Favorita ❷.

Sebaste, Mauro ★★★
Mauro Sebaste, Fraz. Gallo, 12051 Alba
Der verlorene Sohn und Jungstar hat einen neuen Anlauf genommen – mit einigem Erfolg. Er erzeugt jetzt wieder hervorragende Baroli ❺, einen Barbaresco ❹, einen fruchtigen Dolcetto ❷–❸ und einen sauberen Roero Arneis ❷.

Seghesio ★★–★★★★
A. & R. Seghesio, Fraz. Castelletto, 12065 Monforte

In kurzer Zeit stiegen die beiden Brüder dank harter Arbeit insbesondere mit ihrem Barolo La Villa ❺ zur anerkannten Spitze auf. Mehr als beachtlich ist ihr Barbera Vigna della Chiesa ❸, fein der Dolcetto ❷.

Sparina ★–★★★
Villa Sparina, Mario Moccagatta, Monterotondo, 15066 Gavi
Das größte Gut in der DOC Gavi gehört auch qualitativ zu den besten: Gavi di Gavi La Villa ❸, Spumante Villa Sparina (mit Jahrgang) ❹. Gesucht ist der in Italien rare Müller-Thurgau ❸. Weniger bedeutend sind die Rotweine, die bei Asti erzeugt werden ❷–❸.

Spinetta ★★–★★★
Famiglia Rivetti, 14054 Castagnole Lanze

Der Chef des Familienclans Giorgio Rivetti ist genauso sprudelnd und spritzig wie die Moscato-Crus ❸–❹, die das Weingut berühmt gemacht haben. Neuerdings haben die Rivettis den Ehrgeiz, auch mit anderen Weinen, roten und weißen, an der Spitze mitreden zu können: Barbera ❷–❸, Grignolino ❷, Dolcetto ❷, Chardonnay Lydia ❸ und selbst Barbaresco ❹. Das Flaggschiff dieser Produktlinie heißt kurz Pin (Barbera/Nebbiolo/Cabernet) ❹, und hat schon ansehnliche Erfolge errungen.

Tassarolo ★★
Castello di Tassarolo, Marchese Paolo Spinola, 15060 Tassarolo
Ein typisches Gavi-Weingut, das feine, fruchtige Gewächse von hoch stehender Qualität erzeugt: Gavi S ❷, Gavi Vigneto Alborina (in Barriques ausgebaut) ❸.

Tenaglia ★★–★★★★
Delfina Quattrocolo, 15020 Serralunga di Crea
Ein kleines Gut, das durch herausragende Barbera-Weine von sich reden macht: Emozione ❺, Giorgio Tenaglia ❹, Bricco Crea ❸. Ein weiteres Prestige-Gewächs ist der Chardonnay Oltre ❹.

Terre da Vino ★★–★★★★
Terre da Vino, 10020 Moriondo Torinese

Es handelt sich um eine Gemeinschaftskellerei von diversen Weingütern, welche die ganze Reihe der wichtigen piemontesischen Weine im Sortiment hat – und zwar in guter bis herausragender Qualität, wie z. B. den feinen Barbera La Luna e il Faló ❸.

Travaglini ★★–★★★
Giancarlo Travaglini, 13045 Gattinara
Das größte Gut der Zone füllt seine Weine in unförmige Flaschen in antikem Stil ab. Doch der Schein trügt: Die Weine sind die modernsten der Zone, leicht und geschmeidig, reich in Bukett und Aroma. Unbestrittener Spitzenwein ist die Gattinara Riserva Numerata ❹, würzig und aromatisch der einfache Gattinara ❸.

Vajra ★★–★★★★
A. D. Vajra, Fraz. Vergne, 12060 Barolo
Der einstige Landwirtschaftslehrer ist mit seinem Barbera ❸, Dolcetto ❷ und Freisa ❷ bekannt geworden und erzeugt heute sehr profilierte und interessante Spitzenweine, allen voran Barolo ❺ und Barbera Bricco delle Viole ❺. Eine (gekonnte) Kuriosität im Piemont ist sein Riesling ❸.

Vietti ★★–★★★★
Vietti, 12060 Castiglione Falletto

Ein Weingut im Generationen-Umbruch, von Vater Currado zu Sohn und Schwiegersohn. Im Angebot sind dementsprechend Weine alter und neuer Schule zu finden, je nachdem, wer dahinter steht. Immer aber sind sie dank besten Lagen wuchtig und üppig. Diverse Lagen-Baroli ❺, Barbaresco ❹, Barbera ❷–❸, Dolcetto ❷, Roero Arneis ❷, Moscato d'Asti ❷.

Vinchio e Vaglio Serra ★–★★★
Cantine sociale Vinchio e Vaglio Serra, 14040 Vinchio
Vinchio ist eine Gemeinde mitten im Monferrato, in deren Gemarkung anerkanntermaßen einige der besten Lagen der Zone liegen. Entsprechend sind die Barbere, die in der ausgezeichneten Weinbaugenossenschaft gekeltert werden: Vigne Vecchie ❸, Barbera superiore ❷, Barbera ❶–❷. Auch der weiße Cortese ❶–❷ ist gut.

Voerzio, Gianni ★★–★★★★
Gianni Voerzio, 12064 La Morra

In seiner hochmodernen Edelstahlkellerei erzeugt Voerzio blitzsaubere feine Weine: Roero Arneis ❷, schäumenden Freisa ❷, prickelnden Moscato d'Asti ❷, frischen Barbera ❷–❸. Seine Spitzenweine aber sind der Serrapíu ❺ und der Barolo La Serra ❺.

Voerzio, Roberto ★★★–★★★★★

Roberto Voerzio, Loc. Cerretto, 12064 La Morra
Einer der (heute nicht mehr so ganz) jungen Himmelstürmer des Barolo. Seine Spitzencrus sind von höchster Eleganz: Baroli Brunate ❺, La Serra ❺, Cerequio ❺. Ausgezeichnet der Barbera Vignasse ❸ und der Dolcetto Priavino ❸. Raffinierter Chardonnay ❸.

Die Vinoteca-Empfehlungen

Hier sind einige Beispiele von Weinen durch alle Preislagen und Kategorien, die sich durch zuverlässige Qualität und Preiswertigkeit auszeichnen. Sie werden alle in größeren Mengen erzeugt, sodass die Chancen gut stehen, sie bei den angegebenen Bezugsquellen zu finden. Für Verfügbarkeit und Preisangaben kann allerdings keine Garantie übernommen werden. Die Qualität kann je nach Jahrgang leicht schwanken, die Preise können je nach Verkaufsort variieren.

Weinname		★	❶		
Asti spumante DOCG, Martini & Rossi (S. 65)	weißer Schaumwein, fruchtig aromatisch	★★	❷	trinkreif, nicht lagern	zur Erfrischung, zur Nachspeise
Gavi DOC, Michele Chiarlo (S. 60)	weiß, leicht, trocken, fruchtig	★★	❷	kann jung getrunken werden, bis 3 Jahre	als Aperitif, zu Fischgerichten
Arneis DOC, Bruno Giacosa (S. 64)	milder Weißwein, mit feinem Honigton	★★ – ★★★	❷	kann jung getrunken werden, bis 3 Jahre	Imbisse, milder Käse, Eierspeisen
Grignolino d'Asti DOC, Rotondino, Coppo (S. 62)	hellrot, herb und trocken, frisch-säuerlich, feinbitter	★★	❷	jung trinken, 1 bis 3 Jahre lagerfähig	Vorspeisen, Aufschnitt, Fisch, Geflügel, Kaninchen
Dolcetto d'Asti, d'Alba DOC, Bersano (S. 59)	tief violett-rot, trocken, üppiges Kirschenaroma	★★	❷	1–3, maximal 5 Jahre	Imbiss, Geflügel, Innereien, Kalbschnitzel, Hackbraten
Freisa d'Asti DOC, Bava (S. 59)	kirschrot, trocken, leicht moussierend, fruchtig	★★	❷	jung trinken, maximal 3 Jahre lagern	Vorspeisen, Brathähnchen, Eintöpfe, Teigwaren
Barbera Monferrato DOC, Dezzani (S. 63)	dunkel-violett, fruchtig, warm	★★ – ★★★	❷	optimale Trinkreife nach 4–7 Jahren	kalter Imbiss, Risotto, Teigwaren
Barbera DOC, La Luna e il Faló Terra da Vino (S. 70)	dichtes Rubin, vollmundig, harmonisch, saftig	★★★	❷–❸	optimale Trinkreife nach 5–10 Jahren	Gegrilltes vom Rind, Braten, Wild, würzige Käse
Roero DOC, Malvirà Frat. Damonte (S. 65)	duftiger, eleganter, gehaltvoller Rotwein, fast ein Barolo	★★★ – ★★★★	❷–❸	nach 3 bis 5 Jahren in schönster Trinkreife	rotes Fleisch, Teigwaren mit kräftigen Saucen, Kaninchen, Geflügel
Barbaresco DOCG, Angelo Gaja (S. 64)	ein subtiler, eleganter, komplexer Spitzen-Rotwein	★★★★ – ★★★★★	❹	braucht etwa 5 Jahre bis zur vollen Harmonie	Gegrilltes, Federwild, Steak Tartar, Trüffelgerichte, Kalbshaxe
Barolo DOCG, Ceretto (S. 60), Fontanafredda (S. 63)	ein charaktervoller, würziger Wein in Vollendung	★★★★– ★★★★★	❺	beste Trinkreife ab 5–10 Jahren	ein Festwein, zum Hauptgang des Galamenüs, Käse
Moscato d'Asti DOCG, Spinetta, Rivetti (S. 69)	weiß, moussierend, aromatisch, wenig Alkohol (5 %)	★★★	❷–❸	trinkreif, höchstens einige Monate lagern	Nachtisch, Kuchen oder Torten, Cremes, Fruchtsalat, Beeren

Gut einkaufen

IM PIEMONT SELBST

Beim Weinerzeuger
Beim Produzenten direkt einzukaufen, macht sicher am meisten Spaß. Man kann den Wein vor Ort verkosten und – zumindest in kleineren Weingütern – mit dem Weinmacher oder Kellermeister selbst diskutieren. Die Besucher dürfen sich in Keller und Rebberg umsehen und erhalten so einen guten Eindruck vom Betrieb. Direktkauf ist praktisch bei allen Piemonteser Gütern möglich. Die Preise sind allerdings nicht wesentlich niedriger als im Handel.

In der Vinothek/Enoteca
In allen größeren Städten des Piemont finden sich ausgezeichnet geführte Weinläden, Vinotheken, auf Italienisch »Enoteche«. Hier findet man meistens eine gute Auswahl der Weine aus der näheren oder weiteren Umgebung. Teilweise kann man auch einige Weine verkosten. Die Preise sind in diesen spezialisierten Weingeschäften durchaus vernünftig und man kann im Gegensatz zum Kauf beim Erzeuger mit anderen Weinen vergleichen.

Beim Kauf im Weingebiet beachten
Wenn Sie Ihren Wein schon am Anfang des Urlaubs kaufen, fahren Sie ihn möglichst nicht tage- oder wochenlang im Auto spazieren, wo er – namentlich im Sommer – starken Temperaturschwankungen ausgesetzt ist. Suchen Sie Ihrer kostbaren Fracht bis zur Heimreise ein kühles Plätzchen.

IM WEINFACHHANDEL

Im Weinfachgeschäft
Fast jedes Weinfachgeschäft ist auf ein oder mehrere Gebiete spezialisiert. Halten Sie Ausschau nach einem Italien- oder Piemont-Spezialisten, der Sie kompetent beraten kann. Mit der Zeit wird er Ihre genauen Wünsche kennen, mit Ihnen fachsimpeln und Ihnen wertvolle Tipps vermitteln können, besonders wenn er – was meistens der Fall ist – seine Lieferanten persönlich kennt.

Beurteilung der Einkaufsquellen

Einkaufsquelle	Auswahl	Preise	Verkostung	Beratung	Service
Weingut Erzeuger	minimal	normal	ideal möglich	sehr gut	gut
Enoteca im Weingebiet	regional maximal	normal	beschränkt möglich	gut bis sehr gut	gut
Weinfachhandel	optimal auch im oberen Bereich	eher hoch	gut bis sehr gut möglich	gut bis sehr gut	sehr kulant
Weinversender	gut bis sehr gut	eher hoch	nur über Probebestellung	gut	sehr kulant
Verbrauchermarkt	sehr gut im unteren Preisbereich	günstig	kaum möglich, außer bei Aktionen	minimal	minimal
Messen	sehr unterschiedlich je nach Messe	normal	in der Regel gut möglich	normal bis sehr gut	normal

Beim Weinversender
Zumindest große Versandhändler haben oft ein interessantes und übersichtlich gestaltetes Angebot. Leider werden die Weine aus dem Piemont oft noch etwas stiefmütterlich behandelt, doch vielleicht haben Sie Glück und können mittels Schnupperangeboten einige Flaschen zum Vorzugspreis probieren.

Auf Weinmessen
Weinmessen sind eine gute Gelegenheit, verschiedenste Weine zahlreicher Produzenten zu verkosten und miteinander zu vergleichen. Wenn sich der Aussteller noch Zeit für die Beratung nimmt, dann sind Weinmessen eine empfehlenswerte Einkaufsquelle. Vorsicht geboten ist, wenn man nicht in Ruhe degustieren kann, sondern leicht beschwipst Weine bestellt, die in nüchternem Zustand keineswegs mehr begeistern.

IM LEBENSMITTELHANDEL

In den Supermärkten hat der Wein einen hohen Stellenwert und manche der Ladenketten haben sehr erfahrene Einkäufer. Durch die Einkaufsmengen können sie besonders im unteren Preisbereich oft günstige Angebote unterbreiten. Im Discount ist dies der Fall bei Aldi, in den Supermärkten Spar, Rewe, Kaiser's, Wal-mart und Eurospar.
In den Weinregalen der Kaufhäuser Kaufhof, Karstadt, Hertie, Horten und besonders im Berliner KaDeWe entdecken Sie teilweise hervorragende Weine. Im Bereich um die zehn Mark und mit ausgezeichnetem Preis-Wert-Verhältnis sind Edeka, Tengelmann, Familia Nord oder Globus stark. Mehr erfahren Sie im Vinoteca-Band »Einkaufs-Guide Wein«.

FRAGEN AN DEN VERKÄUFER

Dank diesem Buch wissen Sie nun bestens Bescheid über Rebsorten, Weintypologie, Weinzonen und Jahrgänge der piemontesischen Weine. Ihr Verkäufer kann Ihnen aber noch detaillierte Informationen zu einzelnen Produzenten und ihren Weinen vermitteln.

- Zu den Rebsorten: Welche sind zu welchen Anteilen in diesem Wein enthalten, sofern dies nicht auf dem Etikett vermerkt ist? (S. 18–21)
- Was ist spezifisch für das Terroir des Betriebs, für Kulturform und die Pflanzdichte der Reben? (S. 22–25)
- Zur Ernte: Wurden die Trauben handgelesen oder maschinell geerntet? (S. 24)
- Zur Weinbereitung: Wie lange dauern Maischezeit und Vergärung? (S. 26)
- Zum Ausbau: Wie lange war der Wein im Tank, im Holzfass oder in der Barrique? (S. 26)
- Zum Produzenten: Wie groß ist der Betrieb? Wie alt ist er? Welches ist der Werdegang des Winzers, wer sind seine Berater (Önologen)? (S. 56ff.)
- Zum Jahrgang: Gab es beim Erzeuger Besonderheiten in diesem Jahr? (S. 30f.)
- Zum Wein: Was sind die Charakteristiken und zu welchen Gerichten empfiehlt er sich? (S. 50)
- Zur Lagerfähigkeit: Wann ist die optimale Trinkreife erreicht? Wie viele Jahre kann er maximal gelagert werden? (S. 31)

Klug einkellern: piemontesische Weine

Erst ein paar Sätze zur Lagerung: Wein soll bei gleichmäßig kühler Temperatur – ideal: 10 °C – 12 °C, lieber 18 °C konstant statt zwischen 2 °C und 32 °C schwankend – gelagert werden; fern von Chemikalien, Auspuffgasen oder Heizkesseln. Die Flaschen werden liegend gelagert, damit der Kork mit dem Wein in Kontakt bleibt und nicht austrocknet.

Zur Einkaufsplanung
Kreuzen Sie bei jedem Punkt im Schema an, was für Sie zutrifft, und setzen Sie in der letzten Spalte die über den Spalten genannten Punktzahlen ein:

	3	2	1	Punkte
Stellenwert von Piemont	hoch	mittel	gering	
eigene Lagermöglichkeiten	ideal	beschränkt	gering	
Weinkonsum pro Woche	mehr als 5 Fl.	bis 5 Flaschen	bis 2 Flaschen	
Punkte insgesamt				

Entsprechend der Punktzahl haben wir einige Vorschläge für Sie ausgearbeitet, die Sie natürlich noch ganz nach Ihren eigenen Vorlieben und Bedürfnissen variieren können.
Vorschläge zu den Weinen finden Sie in unserem Guide zu den schönsten Gütern und den besten Weinen ab S. 56.

8–9 Punkte
Sie sind ein ausgesprochener Piemont-Fan und Weinfreak zugleich. Für Sie kommt nur das Beste infrage. Richten Sie in Ihrem Weinkeller eine Piemont-Ecke ein und pflegen Sie Ihren Vorrat. Ganz billig ist dies allerdings nicht, mit 1500 bis 2000 DM/750 bis 1000 € müssen Sie dabei rechnen. Unser Einkaufsvorschlag:

24 Flaschen Dolcetto ❶–❷	DM 300,–
12 Flaschen Gavi oder Arneis ❷	DM 150,–
12 Flaschen Barbera Riserva, Nebbiolo, Roero ❷	DM 240,–
12 Flaschen Spezialitäten (Grignolino, Freisa, Gattinara, Ghemme) ❷	DM 240,–
12 Flaschen Barolo oder Barbaresco ❹	DM 500,–
6 Flaschen Asti spumante ❸	DM 200,–
78 Flaschen total	DM 1630,–

5–7 Punkte
Sie haben viel übrig für das Piemont und seine Weine. Sie sollten einen schönen Querschnitt an Gewächsen in Ihrem Weinkeller haben. Rechnen Sie mit ca. 800 DM/400 €.

12 Flaschen Dolcetto ❶–❷	DM 150,–
3 Flaschen Gavi, Arneis ❷	DM 40,–
6 Flaschen Barbera Riserva, Nebbiolo, Roero ❷	DM 120,–
6 Flaschen Spezialitäten (s. oben) ❷	DM 120,–
6 Flaschen Barolo oder Barbaresco ❹	DM 250,–
3 Flaschen Asti spumante oder Moscato d'Asti ❸	DM 100,–
36 Flaschen total	DM 780,–

unter 5 Punkten
Piemont ist für Sie eine Weingegend unter vielen. Sie werden sich also einige schöne Flaschen bereithalten und wann immer Sie die Lust überkommt, eine davon entkorken. Rechnen Sie mit einer Investition von gut 300 DM/150 €.

6 Flaschen Dolcetto, Barbera ❶	DM 60,–
3 Flaschen Barbera Riserva ❸	DM 60,–
3 Flaschen Barolo ❹	DM 120,–
3 Flaschen Asti spumante oder Moscato d'Asti ❸	DM 100,–
15 Flaschen total	DM 340,–

Richtig servieren

Gläser machen Weine, sagt man nicht zu Unrecht. Ein einfacher Tropfen schmeckt besser aus einem schönen Glas und ein kostbares Gewächs kommt in einem Kelch besser zur Geltung.
Gute Weingläser haben Tulpenform. Sie werden nur zu einem Drittel gefüllt, damit sich im verjüngenden Hohlraum oben das Bukett sammeln kann. Je komplexer und hochklassiger ein Wein ist, desto voluminöser sollte das Weinglas sein. Hier sehen Sie drei gute Beispiele für piemontesische Weine. Links ein stilvolles Glas für fruchtige, frische Weißweine. Ein zartes Bukett steigt aus einem schlanken Kelch besonders fein in die Nase. In der Mitte ein einfaches, aber zweckmäßiges Glas für einfache Weine des Alltags. Rechts ein voluminöses Rotweinglas, das selbst den großartigsten Weinen des Piemont gerecht wird. Ehre, wem Ehre gebührt!

Achten Sie auf die richtige Ausschanktemperatur. Die Tabelle unten gibt Auskunft. Zu kühl ist in jedem Fall besser als zu warm. Bei Zimmertemperatur, die ja meist über 20 °C liegt, erwärmen sich die Weine im Glas rasch und die Trinktemperatur steigt schnell um einige Grade an.

Tipp: Große rote Piemonteser (Barolo, Barbaresco, Barbera) gerinnen im Glas, wenn sie zuvor in eine Karaffe dekantiert werden.

6 – 8 °C	Schaumwein
8 – 10 °C	Weißweine, Süßweine
12 – 14 °C	einfache Rotweine
14 – 16 °C	gehaltvolle Rotweine
16 – 18 °C	wuchtige Rotweine

In der schlanken Sektflöte perlen Schaumweine schöner und länger.

Dieser schlanke Kelch ist ein gutes Weißweinglas.

Ein einfacher Glastyp für Alltagsweine, rot und weiß.

In einem großen Kelch kann ein großer Rotwein sein Bukett am besten entfalten.

BEZUGSQUELLEN

Weinfach- und Weinversandgeschäfte mit gutem Piemont-Sortiment
(*überregionale Anbieter oder Versender)
83435 Bad Reichenhall, Bottega Vini
Tel./Fax 08 65/17 87 32
22885 Barsbüttel, Weinland Abayan,
Tel. 0 40/67 09 56, Fax 6 70 25 22
14199 Berlin, Gute Weine
Tel. 0 30/8 24 30 34, Fax 8 63 29 29
10965 Berlin, La Cantina
Tel. 0 30/7 85 87 93 Fax 7 86 52 59
44787 Bochum, Il Posto
Tel. 02 31/68 09 90
53179 Bonn-Lannesdorf, CantinaVino d'Italia
Tel. 02 28/34 71 54, Fax 34 05 83
38104 Braunschweig, Harald L. Bremer
Tel. 05 31/23 73 60, Fax 37 30 22
28195 Bremen, Eggers & Franke*
Tel. 04 21/3 05 30, Fax 3 05 31 10
28217 Bremen, Ludwig von Kapff*
Tel. 04 21/3 99 43 00
01159 Dresden, Divino
Tel. 03 51/4 21 76 98
44149 Dortmund, Mövenpick Weinland*
Tel. 02 31/96 51 56
40129 Düsseldorf, Jacques Weindepot*
Tel. 02 11/3 90 02 63, Fax 3 90 92 68
45219 Essen, Wein & Mehr
Tel. 0 20 54/8 56 42
60320 Frankfurt Vino e Pane
Tel. 0 69/56 74 67, Fax 5 60 11 14
60368 Frankfurt, Vinothek Italia
Tel. 0 69/41 83 28, Fax 41 91 08
22607 Hamburg, Titanic Warenhandels GmbH
Tel. 0 40/8 90 81 90
34119 Kassel, Weinhandlung Schluckspecht
Tel. 05 61/7 39 01 86, Fax 10 28 10
56076 Koblenz, Bello e Vini
Tel./Fax 02 61/7 29 23
50667 Köln, Fegers & Unterberg & Berts *
Tel. 02 21/2 58 15 30
50933 Köln, Kölner Weinkeller
Tel. 02 21/54 30 41, Fax 54 32 02
61476 Kronberg, Olio & Vinothek
Tel./Fax 0 61 73/12 55
41063 Mönchengladbach, WeinContor
Tel. 0 21 61/8 82 23
80807 München, Garibaldi
Tel. 0 89/1 68 97 38, Fax 3 59 29 29
92318 Neumarkt, vinodivino
Tel. 0 91 81/2 22 06
49074 Osnabrück, Zin's + Co.
Tel. 05 41/2 72 33, Fax 26 09 02
93059 Regensburg, Enoteca Italiana
Tel. 09 41/8 65 07, Fax 8 65 07
93047 Regensburg, Rossini Weine
Tel. 09 41/56 54 00
78628 Rottweil, Bacchus Vinothek
Tel. 07 41/1 72 06
65428 Rüsselsheim, Wein und Mehr
Tel. 0 61 42/97 73 41, Fax 9 773 46
66121 Saarbrücken, Piemonte GmbH*
Tel. 06 81/6 87 09 33
70188 Stuttgart, Di Gennaro
Tel. 07 11/16 85 30
70372 Stuttgart, Fischer & Trezza*
Tel. 07 11/95 59 59, Fax 56 12 35
66333 Völklingen, VIF Weinhandel
Tel. 0 68 98/2 70 70
79576 Weil/Rhein, Schuler-Weine*
Tel. 08 00/8 84 47 74
65191 Wiesbaden, Heri's Weingalerie
Tel. 06 11/1 88 56 96, Fax 1 89 96 33

Lebensmittelhandel mit gutem Piemont-Angebot: Globus, Dohle/Hit, Karstadt/Hertie, KaDeWe, Kaufhof Galeria, Wal-mart, Handelshof, Famila/citti, Real, Ratio, Cash & Carry, AVA/Edeka mit Marktkauf und dixi.
Gut in Preis und Leistung unter 10,– DM:
Aldi, penny, hl und minimal.
Schweiz: Coop, Pick-Pay, vis-a-vis, Familia
Österreich: Merkur, Meinl Gourmet, Wein & Co.

Weitere Bezugsquellen finden Sie im Internet unter der Adresse: www.vinoteca.falken.de

ADRESSEN IM PIEMONT

Vorwahl Italien: 0039; Achtung: Seit Juni 1998 muss die Null vor der Fernkennzahl auch bei Verbindungen aus dem Ausland mit gewählt werden.

Tourismus allgemein:
Assessorat für Fremdenverkehr
Via Magenta 12, I-10128 Torino
Tel. 0 11/4 32 11

Verkehrsvereine:
Acqui Terme e Ovadese
Corso Bagni 8, I-15111 Acqui Terme (AL)
Tel 01 44/32 21 42, Fax 32 21 43

Alessandria
Via Savona 26, I-15100 Alessandria
Tel. 01 31/25 10 21, Fax 2 36 56

Asti
Piazza Alfieri 34, I-14100 Asti
Tel. 01 41/53 03 57, Fax 53 82 00

Casalese
Via I. Marchino 3, I-15033 Casale Monferrato
Tel. 01 42/7 02 43, Fax 78 18 11

Langhe e Roero
Piazza Mezdorf, I-12051 Alba (CN)
Tel. 01 73/3 58 33, Fax 7 88 11

Monregalese
C.so Statut 39, I-12084 Mondovi
Tel. 01 74/4 03 89, Fax 48 12 66

WEINFACHHANDEL IM PIEMONT

Vinotheken gibt es in folgenden Ortschaften: Acqui Terme/AL (Alessandria), Grinzane Cavour/CN (Cuneo), Asti, La Morra/CN, Barbaresco/CN, Mango/CN, Barolo/CN, Mancucco Torinese/AT (Asti), Caluso/TO (Torino), Neive/CN, Canale/CN, Nizza Monferrato/AT, Canelli/AT, Novello/CN, Carema/TO, Piveronel/TO, Castagnole Lanze/AT, Portacomaro/AT, Castagnole Monferrato/AT, Quaranti/AT, Costiglione Falletto/CN, Roppolo/VB (Verbano-Cusio-Ossola), Costiglione d'Asti/AT, San Giorgio Scarami/AT, Cuceglio/TO, Serralunga d'Alba/CN, Dogliani/CN, Vignale Monferrato/AL, Gattinara/VC (Vercelli)

FÜR WEININFORMATIONEN

Consorzio per la tutela dell'Asti
Piazza Roma 10, I-14100 Asti
Tel. 01 41/59 42 15, Fax 35 30 08

Consorzio di Tutela Barbera d'Asti e Barbera del Monferrato
Galleria F. Argenta 2, I-14100 Asti
Tel./Fax 01 41/59 89 84

Associazione Cosorzi del Barolo e Barbaresco
Piazza Savona 3, I-Alba (CN)
Tel. 0173/44 10 74, Fax 36 13 80

Consorzio Gente e Vini
Piazza Martiri della Libertà, 8, I-14042 Calamandrana (Asti)
Tel. 01 41/7 55 37

Consorzio per la tutela dei vini DOC
Caluso, Carema e Canavese
Piazza Mazzini 4, 10014 Caluso (To)
Tel. 0 11/9 83 31 42, Fax 9 83 11 03

Consorzio Tutela Vino Gavi
Via San Lorenzo 21, I-15066 Gavi (Alessandria)
Tel. 01 31/31 32 39, Fax 4 31 86

Consorzio Vini Dolcetto di Ovada
Via San Lorenz, 21, I-15100 Alessandria
Tel. 01 31/31 32 39 Fax 4 31 86

Consorzio Asti-Export
Piazza Medici 8, I-14100 Asti
Tel. 01 41/53 52 44, Fax 53 52 00

INDEX

Im FALKEN Verlag sind zahlreiche Titel zum Thema »Wein« erschienen. Sie finden sie überall dort, wo es Bücher gibt.

Sie finden uns im Internet:
www.falken.de und www.vinoteca.falken.de

Dieses Buch wurde auf chlorfrei gebleichtem und säurefreiem Papier gedruckt.

Der Text dieses Buches entspricht den Regeln der neuen deutschen Rechtschreibung.

ISBN 3 8068 7483 2

Umschlaggestaltung: Peter Udo Pinzer
Konzept: Dr. Gerhard Kebbel
Redaktion: Ulrich Schweizer, Dr. Dietrich Voorgang, Marion Rupp
Producing: Hepfinger: De[sign], Freising
Umschlagfoto: Fotostudio Friedemann Rink/Susa Kleeberg, Naurod
Fotos und Illustrationen im Innenteil: Vinum, das internationale Weinmagazin; Hans-Peter Siffert, Fotos der Weinwelt, Zürich; FALKEN Verlag, Niedernhausen
Grafiken und Karten: Ruedi d'Orsini, Freising

Satz: sablNe vogt dtp, Freising
Litho: Brennerstudio, München
Druck: Ernst Uhl, Radolfzell

817 2635 4453 6271